U0111379

大展好書　好書大展
品嘗好書　冠群可期

大展好書　好書大展
品嚐好書　冠群可期

武術特輯
55

六合螳螂拳

劉敬儒 編著
韓燕武　韓燕鳴
任壽然　孔誠

大展出版社有限公司

編者的話

　　螳螂拳是中國著名的象形拳術。它是模仿螳螂的動作、神態和搏擊特點，結合武術的攻防技術而創編的別具一格的拳術。它以快速、凌厲、美觀、千變萬化的螳螂手法久負盛名，具有極強的自衛防身、強身健體和觀賞的價值，早已成爲中華武林寶庫中的一顆燦爛明珠。

　　螳螂拳自明末清初人王朗傳世以來，經過歷代螳螂拳家的發展完善，逐步形成了現在的眾多流派。其中以七星螳螂拳、梅花螳螂拳流傳最廣，六合螳螂拳最爲珍秘，很少在外流傳。

　　自魏三大師以後，又經過林世春、丁子成兩代大師的大力傳播和發揚，才得以發展光大。單香陵先生是丁子成大師的著名弟子之一。螳螂拳的功夫深厚，爐火純青，有獨到之處，久負盛名。作者追隨單先生多年，幸得先生的傳授和教誨。今天，特將所學，撰書出版以完成單先生的夙願，爲螳螂拳的廣泛流傳和發揚光大貢獻點力量。

本書較為詳盡地介紹了六合螳螂拳的源流和發展，六合螳螂拳的風格、特色和技擊特點，練功方法和步驟，六合螳螂拳的傳統套路。並無私地公布了六合螳螂拳法真傳秘訣，供廣大武術愛好者學習和參考。六合螳螂拳在國內還沒有專著出版，就以此書拋磚引玉吧！讓六合螳螂拳在武術的百花壇上更加明艷，光彩耀目。

由於寫作水平有限，書中出現錯誤和不當之處難免，懇請廣大武術愛好者批評、指正。感謝所有的朋友們。

劉敬儒

六合螳螂拳

目　錄

目
錄

5

承前啓後贊

　　欣聞吾友劉君敬儒又一部新著《六合螳螂拳》即將付梓。螳螂拳爲明末清初人王朗所創，傳世至今已有三百多年的歷史，門內流派眾多，六合螳螂拳是珍秘少傳的著名一支。山東黃縣丁子成氏是繼承與傳播六合螳螂拳並作出傑出貢獻的知名大師，門內成名弟子有趙乾一、張詳三、單香陵和移居臺灣、名噪寶島的武術家劉雲樵等。敬儒有幸得單師親傳，耳濡目染，口傳身授歷數年，深得六合螳螂拳之精義，加之超人地勤修苦練，是現今六合螳螂門中的佼佼者。今日所著《六合螳螂拳》一書是敬儒傾其畢生所學，本著繼承與發揚國之瑰寶的夙願，嘔心瀝血編著的一部承前啓後之作，爲後學與志在研究之士提供了珍貴的借鑒，爲武術文庫增添了一份不可多得的財富，可喜、可賀。

　　我在武術工作崗位上度過了整整十五個春秋，在這十五年中結識了眾多武林朋友，從他們那裡不僅獲得了真摯的友情，還學到了未曾學過的知識，接受了積澱著數千年的中華文化和傳統倫理道德的薰陶，他們是我人生旅途中的良師益友，敬儒便是其中的一位。在與他的交往中，我不只看到他對武技孜孜不倦地追求和練就的那一身超群的功夫，更感受

承前啓後贊

7

到他那浸透著傳統武德的做人品格，也是支持他執著實現承前啓後夙願的人格力量。那是一種無形精神力量，依靠這種力量才在這承前啓後的事業上不畏艱苦、腳踏實地地做出一件件可圈可點的奉獻。這便是我最爲尊崇的。

他堅持遵守的爲人之道貫穿在他漫長的習武之路中，鮮明可見。我爲他概括了八個字：敬師、苦修、博採、謙和。

在爲人熟知的武林格言中有「一日爲師，終身爲父」之說。敬儒從師多位，對每位師長都至誠至敬地實踐著這句千古格言。在他從駱興武老師習形意拳時，他只是剛剛步入社會、工資微薄而又肩挑家庭重負的一名小學教師，而他仍能節衣縮食，以工資的半數孝敬師長的生活起居。更爲難得的是恩師仙逝後，爲彰顯駱師之功德，他與同門一道在北京外僑公墓爲恩師遷葬立碑，令恩師家人爲之感動。他習螳螂拳是單香陵老師的入門弟子，後雖與單師身居兩地，而探問寒暖不斷，事師之心不減。當得知單師病困他鄉時，他急不可待地寄去自己的積蓄，爲師求醫解困。聞單師仙逝，悲慟不已，常爲未能爲先師養老送終而抱憾。凡此種種，他對恩師的至誠、至敬、至孝已可見一斑。

敬儒習武有自己的座右銘，常出於口的有「寶劍鋒從磨礪出，梅花香自苦寒來」。他之苦修苦練出於口見於行，能爲人所不能。拳諺有云「冬練三九，夏練三伏」，意爲苦練功，練苦功，不苦不出功，苦後才成功。

敬儒是教師，寒暑假本是養精蓄銳的假期，在他看來正是苦練功、磨礪意志的良機，從不放過。幾乎每天清晨6點鐘進公園，先是獨自習練，8點鐘後稍事休息，便遍走各處觀摩拳友們練習或跟著練，中午到老師家，下午再進公園在

老師指導下練，晚8點獨自三返公園繼續練，直到晚10點公園清場才回家休息。常常是冬天練得滿頭冒熱氣，夏天練得渾身汗水淌。如此年年寒暑假苦練不輟。遇劉談峰老師後，爲學八大掌、八八六十四掌和子午鴛鴦鉞，在冷風刺骨的數九寒天，他抓緊從早5點到8點學校上課前這段寶貴時光，腳踏自行車往返40里路到與劉師約會的地點練功，功畢返校，從不誤課。

他所練的各家功夫有今日之成就皆源於如此刻苦磨礪的結果。他說這是「吃得苦中苦，方爲人上人」。其眞意是吃得苦中苦方爲承前啓後人。

武術界公認博採名家之長是練家精拳之道。不過這只是少有門戶之見者才能做到。敬儒有武林尊師重道之長，卻少有嚴守門戶之弊。只要審視他40年習武走過來的漫長路程，便可一目了然看到他師從之眾，技藝涉獵之廣，眞正是兼收並蓄，博採眾家。

他學形意拳，初從駱興武老師學李存義一脈，繼而遇戴龍邦後人戴魁的弟子錢謹之先生學戴家的十二形，後得形意名家裘稚和先生畫龍點睛，盡收形意拳各家的傳授。他學八卦掌的開門老師亦是精通程氏的駱興武，又得程氏傳人程有信先生的指點，後拜尹氏八卦嫡傳何忠祺爲師潛研尹氏。還從張如林先生處受教高義盛一派的八卦掌，可謂盡得各派八卦掌之精要。

此外，他從師單香陵學六合螳螂拳，學螺旋拳求教於裘稚和，聆聽楊禹廷老先生講授太極拳拳理，隨劉晚蒼先生練太極推手，還得到王文奎先生傳授的八卦連環劍、群攔刀；王達三先生的八面戰身槍和純陽劍等等不一而足。可以說在

京師凡有名望與專長的武術家，只要有機緣相遇，必虛心求教。他從博採眾家中獲益匪淺。

武林中人最崇謙虛平和。敬儒雖技藝有成，名聲漸顯，卻保持不卑不亢、不傲不餒的氣質。從他投師之多，就教之廣，可見他虛懷若谷，一生追求之高尚。我與敬儒相交有年，雖然我在武術界居有一定職位，而我們始終保持君子之交，從無私求。他在我面前一向稱讚他人之長，從不刻意抬高自己，無有礙武林團結之言行，因此，我說在他身上確實保有燕趙君子遺風。敬儒者，意在尊崇孔門風範，聞其名見其人，方知斯名不謬也。

武術作爲中華民族文化瑰寶，傳世數千年且日臻完美、豐富，之所以被稱爲世界文明寶庫中一顆璀璨的明珠，全賴於歷代秉承前啓後之志，行承前啓後之事的武林志士矢志不渝的努力，其功莫大焉。繼承與發展中華武術是民族之大業，敬儒君修身不息，筆耕不輟，傳練不息，其志可嘉，其情可許。若武林人士如敬儒皆能以己之長，多做承前啓後之舉，則我中華文化瑰寶之繼承發展，發揚光大，必將前程似錦。

前中國武術協會副主席
前國家體委武術研究院秘書長　趙雙進
前亞洲武術聯合會秘書長
2002 年 8 月於北京

聖人無常師

武術家劉敬儒先生精多種拳術，尤精八卦掌和六合螳螂拳。爲了卻其先師單香陵先生的遺願，他用了幾年時間，整理、編著了《六合螳螂拳》一書。臨出版前，要我寫幾句話。好友之囑，我就欣然命筆了。

（一）

螳螂拳，屬象形拳的一種。

象形拳，人們由模仿生物的習性有所悟而得，其實用性比較強。每當人們談起「虎拳」「蛇拳」之類，就令人頓生畏懼感，似有一種橫掃一切、防不勝防的威懾力量。可是一想到螳螂，就難免使人聯想到「螳螂捕蟬，黃雀在後」「螳臂擋車、不自量力」的故事。當然，什麼事物都有其兩重性，應揚長避短，發揮其優勢，應弘揚其巧捷詭變、不畏強暴、敢於爭鬥、善於爭鬥的靈氣。

據史書載：螳螂拳，係明末清初山東即墨人王朗所創。他自幼習武。明亡，他投奔嵩山少林寺習拳棒，以復明為志。清康熙年間，清兵圍焚少林寺，他與同門「逃峨眉、走崑崙，後返山東，避嶗山寺觀」。日見螳螂鬥蛇或捕蟬，

「雙臂伶俐，進退有度，頗含拳技之巧」，從而有所領悟。遂取其「勇往之神韻，敏捷連環之攻防」，提煉成各種技招。後又取「少林拳技之精華和猿猴之步法」而苦心修練，終而「得創獨特之螳螂拳」，嗣後繁衍為「七星螳螂拳」「梅花螳螂拳」「六合螳螂拳」「通臂螳螂拳」「光板螳螂拳」「摔手螳螂拳」等等。

其中以「七星螳螂」「梅花螳螂」等拳流傳最廣，「六合螳螂拳」最為珍秘。

正因其「珍秘」，當今敬儒編著的這部《六合螳螂拳》面世，就顯得更加珍貴了。

（二）

據敬儒介紹：螳螂前足長、大，儼如兩把刀、斧，前節有鈎，中節有刺，後四足著地，撐頭閃身，靈巧多變。故螳螂拳的手法有「勾、摟、刁、採，崩、砸、掛、劈，粘、黏、貼、靠，閃、轉、騰、挪等『十六字訣』」；步法有「弓、馬、虛、插、獨立、提拖、滑、玉環等步，尤以提拖步、滑步最為常見」；且強調「一不登山（弓步），二不騎馬（馬步），就地發來就地打」，即怎麼合適就怎麼打！隨機應變，出奇制勝。腿法也很奇特，「高腿不過肩，彈腿不過襠，蹬踹不過胸」。可運用時，手腳齊施，順勢暗遞，尤以「斧刃腳」「大展拍」最為神妙。

敬儒說，我學的六合螳螂拳，是山東龍口人單丕勛號香陵恩師所傳。1933 年，單師以精湛的六合螳螂拳技並列為北方國術擂臺賽冠軍；1952 年，在山東萊陽表演六合螳螂拳的短捶、雙封，被武術行家許世友將軍贊為「好拳法，正

宗正派」。

他還說：「六合螳螂拳是『六合短捶』與『六合螳螂』的組合。要求『手法活似滾輪，身法圓似鋼球，腰似車軸，身如鑽杆，快如翎箭……』迎擊時，大多用『錐捶』，強調『寸勁』。因其『動作疾、重、突然，易傷人』，故宜慎用。又因單師曾習通臂黏拳、形意拳，深研八卦掌，又經數十年的體研，他傳授本拳時，強調『舌抵上腭，提肛溜臀，自然呼吸，氣沉丹田及六合歸一』，從而使其歸屬於內家拳的範疇。」

近兩年，作為嘉賓的敬儒，曾應邀在吉林四平的武術邀請賽上，表演了六合螳螂拳，贏得了滿場喝彩，大家為他叫好。我有幸在場，亦看得如痴如醉。我也曾借用許將軍贊許單香陵先生拳技的話說：你「好拳法，正宗正派」。

由此可以看出：敬儒皓首窮經，經過多年體驗，較全面地繼承並弘揚了單先生六合螳螂拳的要義和精髓。

（三）

提起敬儒習練武術的那種執著精神，不由得使我想起了19世紀英國著名文學家狄更斯的一句名言：「頑強的毅力，可以征服世界上任何一座高峰。」

從他主編的《八卦掌》一書的《我的從武之路》中，我略作了一些摘錄：

因他家境貧寒，在著名高中畢業後，不得不放棄了升學的機會，過早地當上了「孩子王」。在三尺講臺上，日復一日地「舉起的是別人，奉獻的是自己」。

其實敬儒從小就喜愛武術，可是一直沒有機緣。這也算

是歪打正著！透過對班上學生的家訪，結識了著名武術家駱興武先生，他就拜在駱師門下，開始學練形意拳、八卦掌及大槍、劍術。除平常利用業餘時間外，到了寒、暑假期，他就抓緊整天習武。在駱師的鼓勵下，在京城這藏龍臥虎之地，他得機就學：看郭古民授徒；看程靜秋走直趟散手；再與德玉亭、韓武切磋技藝。累了就躺在公園長椅上「數星星，看月亮，瞧流星飛越蒼穹」。

「梅花香自苦寒來」。1963年，在北京市武術冠軍賽上，敬儒一舉奪得成年形意、八卦組冠軍。

藝無止境。敬儒繼續勤學苦練。他從王達三練「八面戰身槍」「黑白鵰子對槍」和「純陽劍」；從錢謹之學「形意十二形」；從張如林學高派八卦掌及向程有信學程派八卦掌；從吳彬芝學武當劍法；又聆聽楊禹廷講太極拳理；看史正剛授大悲拳；觀韓其昌課梅花樁；還向王文奎學「八形二十四式」「八卦連環劍」「群攔刀」；同徐裕才、李振海切磋推手技藝；後結識了劉談峰，從學「太極拳」「八大掌」及「八卦子午鴛鴦鉞」；從何忠祺得尹氏八卦掌之精義；又得裘稚和指點形意拳、八卦掌，還習裘師自創的「螺旋拳」。

幸運的是敬儒又結識並拜在單香陵師門下，從單師習「六合螳螂拳」。數年如一日，按師囑，沿螳螂拳要練到「一活、二順、三剛、四柔、五化」的境界攀登。

唐代大文學家韓愈在《師說》中有這樣的論述：「聖人無常師。」敬儒雖不能說是什麼「聖人」，但他牢記孔子說「三人行，必有我師焉」的警語，博採眾長，見好就學，且學而不厭，樂此不疲。他這種勤奮好學的精神和虛心求教的

態度，不能不令人折服！

「功夫不負苦心人」。1979年，敬儒在廣西南寧市舉行的全國第一屆武術觀摩交流大會上，榮獲八卦掌一等獎；在第二屆又獲此殊榮。敬儒先後執教北京東城武術館和北京武術隊，弟子遍及海內外。屢獲全國八卦掌冠軍的戈春燕及張紅梅、壯暉等都是他的高足。

（四）

「天下武術是一家」這句話，我曾用過兩次。一次是1989年歲末，在香港採訪第一屆亞洲武術錦標賽時，以它為標題寫過賽事特寫。一次是為慶賀敬儒主編的《八卦掌》出版座談會上，以它為主題談了武術界的團結問題。

我說：「武術界曾有過『永結金蘭』『七俠結義』和『九俠盟誓』之義舉，一時被傳為佳話。武術前輩董海川、郭雲深、劉奇蘭及尹福、程廷華、李存義、耿成信、周明泰、劉德寬、張占魁和劉鳳春等『以武會友，相互敬慕』『豁達大度，不較勝負、不分領域，消除界限』，高尚的武德行為，為我們作出了光輝的榜樣。」

我說：「今天我們都來參加敬儒邀請的座談會，可以說是群賢畢至，名師雲集。在京的各拳種各門派的老師們大都來了。歡聚一堂，暢所欲言，氣氛格外熱烈、融洽、溫馨。這是一次大團結的聚會。它說明了北京武術界承繼了前輩們的優良傳統，這又充分地體現了敬儒的一種精神，即氣度恢宏，廣交武友，重團結、重俠義的高尚武德。

「這兒，我又想起了我們老祖宗在《共產黨宣言》結尾的號召：『全世界無產者，聯合起來！』敬儒這個座談會的

聖人無常師

可貴之處，就是充分地體現了我們老祖宗號召的這種精神。
咱們似可相約並共勉：讓全世界習武者，團結起來，為武術
走進 2008 年奧運會、造福人類共同努力吧！

「這也是我們敬儒先生對我國武術乃至世界武壇的一個
可貴的貢獻！」

前《中華武術》雜誌主編、編審　昌滄
寫於 2002 年 8 月 15 日抗日勝利 57 周年

第一章
我的從武之路

1936 年，我出生在河北省高陽縣。高陽縣與蠡縣、任邱、白洋澱毗鄰，著名的「高蠡暴動」「平原游擊隊」「新兒女英雄傳」「紅旗譜」等故事都發生在這裡，是著名的抗日根據地，也是河北省著名的武術之鄉，是中國武壇上著名的綿拳、翻子拳的發祥地。每年春節，四面八方的少林會、小車會、獅子會、高蹺會都來大街上表演獻藝，五虎棍、劈叉蝎子爬，特別是高蹺隊裡打頭的頭陀和拿著大糖葫蘆的小丑，能在腿上綁著高蹺飛躍兩層多高的板凳，令我驚嘆、佩服不已，至今仍記憶猶新。

1946 年全家來到了保定，住在東街的縣學胡同。我記得胡同口對面有一家報社，一所學校，旁邊還有一所武館。有一位武術老師，姓什麼不知道，只記得有四十來歲，瘦高的個子，每天放學後，教一些孩子練武術。由於我剛從農村來，膽子小，也怯場，雖然喜愛也不敢跟人家練，只是在旁邊看著，直看到家裡大人找來吃晚飯。但這件事卻給我留下了深深的印象，在我幼小的心靈中埋下了學武的種子。

1947 年，全家遷到了北京，住在河泊廠胡同。每天晚上除了一篇大字、四行小字外就是偷偷看小說。印象最深的

是《說岳全傳》中的「岳母刺字」「岳飛拜師」「瀝泉訪友」「槍挑小梁王」……書中精彩的情節深深地吸引了我，打動了我。我為岳飛的英雄形象所激勵，無限崇拜和敬仰。

1951年我考上了十一中，從那時起，成了名副其實的武俠小說迷，最愛看長篇技擊小說。鄭證因著的《鷹爪王》、宮白羽著的《十二金錢鏢》、朱貞木著的《血滌寒光劍》、王度廬著的《鐵騎銀瓶》、還珠樓主著的《蜀山劍俠傳》等，不下數千冊。怕家長呵斥和責罵，只好晚上偷偷地點著蠟燭，趴在被窩裡看，有時被故事吸引著，常常看個通宵。

我小學在國民一小（金臺學院），初中在十一中，都離天橋不遠，所以每個星期日都去逛天橋。但是，寶三的摔跤、張寶忠的耍大刀、小金牙的拉洋片、小瘋子的清唱、朱國全的開石頭……都是走馬觀花匆匆而過，最吸引我的還是天橋的三角市場陶湘九的評書《三俠劍》或《雍正劍俠圖》。每當說到童林露面時，說書人的那段固定唸白，我幾乎背下來了。「姓童單字名林字叫海川。江西金頂玉皇觀隨尚道明、賀道元學藝八載，晝夜合功一十六年。繞大樹，練金絲柳葉磨身掌。奉師命下山，另立一個門戶，另興一家把式，……身穿土黃布褲褂，左大衿，白紐子，腳穿一雙灑鞋，紫微微的臉龐，一條大辮子油黑掛亮，盤在頸後。杭州擂，雙鉞分雙劍，群雄賀號，『震八方紫面崑崙俠』」。童林令我無限崇佩，他的命運，緊緊揪著我的心，每到星期日非去聽不可。

為了早點知道故事的情節，我到北京市的各個租書攤租《雍正劍俠圖》看，為了看第四十本，我跑遍了花市、天

六合螳螂拳

橋、東單、西單、東四、西四、鼓樓、前門勸業場⋯⋯也沒有租到，後來才知道在北京根本就沒有出過第四十本。害我跑了冤枉道。

離我家一百多公尺處，有個茶館，是程廷華的高足磨倌張的弟子崔玉貴開的，崔先生還跟郭古民先生是把兄弟。茶館中經常來一些武術家喝茶、盤道。我經常看到崔先生教徒弟們練習八卦掌和八卦刀。一隻手托著四尺多長的單刀，托著走，走著練，多沉呀，多大功夫呀！令我又驚奇又羨慕。等我長大了也要學習八卦掌！！

1954年為了我喜愛的籃球運動，我考上了二十六中學（匯文中學）。二十六中的校籃球隊是全市中學籃球比賽的冠軍。除了上文化課和參加校籃球隊的比賽外，仍著迷於小說。可惜的是已不能再看武俠小說，因為全北京市和所有租書攤在1953年突然全被取締，武俠小說定為黃色書籍。我只好看《春秋》、看《戰國》、看《水滸》、看《三國演義》、看《封神榜》、看《西遊記》⋯⋯什麼大小仲馬呀、大小托爾斯泰呀、果戈里、契訶夫、茅盾、巴金等等的著作，古今中外的各種名著無不涉獵。但是，岳飛的民族氣節，特別是童林的俠客形象，時時出現在我的腦海裡，激勵我立志學武，報國安民、行俠仗義的偉大抱負天天在增長。

1957年高中畢業，因我兄妹共八人，我是老大，為幫助父親養家糊口，我不能報考夢寐以求的大學，只能從事我十分不情願的小學教師工作，用微薄的工資來貼補家用。塞翁失馬，焉知非福！我教的學生中有個叫駱燕茹的，是著名武術家駱興武先生的女兒。駱先生是八卦掌大師程廷華先生的著名弟子李文彪和形意拳大師李存義的著名弟子郝恩光的

駱興武先生

高足,八卦掌、形意拳都有很深的造詣,享譽武林。駱先生曾在東北軍大帥吳峻升府內任教官,跟正在張作霖帥府任教的程廷華先生的侄子程有功先生同住一屋,因而受教頗多。駱先生在整個東三省赫赫有名。

解放後,在北京授徒,「文革」前曾任北京市武術協會形意拳、八卦掌組組長。由此我得識駱先生,拜駱先生為師,學習形意拳和八卦掌。

駱先生高大魁梧,留著八字鬍,非常雄偉神氣,給人一種凜然不可侵犯之氣概。晚年留了山羊胡,方顯出慈善可親之態。

我夙願已償,因而練功非常刻苦。幾乎每天下班後都到設在老師家的「興武國術館」去練功。興武武術館設在延壽寺街 100 號,與王薌齋先生住的東北園很近,所以,我經常見到王薌齋先生。那時的王先生在中山公園後河沿教拳,我經常去看去學。到興武國術館,第一件事就是拿起條帚打掃院子,倒髒土,倒髒水,然後提著水桶到前院的自來水管處一桶一桶地把乾淨水打來,倒滿老師家的水缸,供老師全家一天食用,一切雜活幹完了,才開始練功。

每天都站在大槐樹前,端著九尺大槍,對著大樹,練習左右手的攔、拿、扎。增長雙臂、雙腿、腰部的勁力,然後

拿一公尺長的鐵棍當劍，練習崩、點，再增長腰、臂、腕的勁力。最後才去練習形意拳或者八卦掌。默默地練，有無老師在場一個樣。老師高興時，出屋看一兩眼或動手指點一兩下，頓感獲益匪淺。晚上7點以後，師兄們陸續趕來，老師才開始講講，或做示範，我們都是目不轉睛地盯著，牢牢地記著，回家後再找時間狠下工夫模仿練習。

因為我系統地接受過籃球訓練，學習拳術動作又快又準確，老師教起來很省力，所以非常高興，那時我還沒結婚，為了習武，直到30歲才結婚。我每天除了上班就是練功，所以，比別的師兄進步快，僅僅一年，就超過了一些已習練三年的師兄。

我的工資很少，每月只掙31元，我拿出20元給父母過日子，其餘的大多數都孝敬了老師。我直到結婚時還沒戴過手錶，經常穿的是膝蓋和臀部打了補丁的褲子。那時，我上下班寧可來回走20里，也不買才3元錢的汽車月票，以便省下錢來孝敬老師。老師喜歡聽京劇，我就在星期六晚上陪老師去聽馬連良、譚富英、裘盛戎和張君秋的演唱；老師喜歡聽河北梆子，我就陪老師去聽李桂雲或中國戲校的娃娃戲……老師的鞋舊了，我急忙花五元錢在內聯升鞋店買一雙禮服呢千層底的布鞋送給老師。老師家的茶葉快喝完了，我就趕緊去張一元茶莊買半斤……老師六十多歲患了疝氣，經常掉下來，躺在床上動不得，痛苦不堪。當我遇到時，就急忙拿來熱毛巾，給老師慢慢托上去，有時會托半小時，我的胳膊、手都累酸了，但能給老師解決一點點痛苦，就是我的最大愉快。疝氣嚴重了，影響了走路，只得在協和醫院做手術，手術費15元。我設法借來25元給了老師。

我的一舉一動，令老師很感動，師娘也很高興，所以老師對我特別鍾愛，最下心，教得也最多。我也很高興，學得也最快，練得也最好。

「笨鳥先飛」「鐵杵磨成針，只在功夫深」「勤能補拙」「要想人前顯貴，必得背後受罪」「吃得苦中苦，方為人上人」「寶劍鋒從磨礪出，梅花香自苦寒來」。這些古訓都是我的座右銘，時時激勵我刻苦練功，時時鼓舞我不斷進取。

我是教師，有寒暑假。特別是暑假，天長假期也長，是我刻苦練功的黃金時間。那時候，我每天早晨 6 點已進入天壇公園了，蹲下身來先練習走八卦趟泥步。經常從北門開始，繞西門，經祈年殿前甬路下面的過洞，回七星石。來到我練功的地點，圍大樹走圈，練習八卦掌法。

八點多鐘，我穿好衣服，到公園各處練八卦掌的地方走走。郭古民先生在大樹林教徒弟，我就在旁邊聽聽。程靜秋先生正在走直趟散手，他是李存義的弟子，我就跟著練練，然後再到德玉亭先生、韓武先生練功的大坑去觀摩、切磋。

中午，稍事休息，就去老師家，陪著老師乘坐有軌電車來到天壇再次練功。我練我的，老師練老師的，老師練完之後才給我指點。晚上 8 點鐘，我提著洗好的 2 斤西紅柿（那時只花 5 分錢），又一次來到天壇，練習各種散手或八卦刀、八卦槍。練累了，躺在公園的長椅子上一邊吃著西紅柿一邊看星星看月亮，看流星飛越天空。

10 點才回家沖澡睡覺，度過愉快而忙碌的一天。那時候我一門心思練武術，不知流過多少汗，穿破多少鞋，「功夫不負苦心人」，功力突飛猛進，令老師非常高興，經常帶

著我到一些老前輩家去拜訪，使我獲得了不少的教益。

1963 年，北京舉辦了建國以來最盛大的一次「全市武術冠軍賽」，在東長安街體育場，觀眾爆滿。經過比賽，我獲得了成年形意、八卦組的冠軍。賽後，剛建成不久的中央電視臺請我們各項目的冠軍到它的播放廳，現場給北京市人民匯報表演。

東單公園位於北京崇文門內大街西側，四通八達，交通方便，來此練拳的人很多，便於交流切磋。在那兒我結識了很多武術前輩，也結交了許多武術朋友，至今回憶起來依然忘不了他們對我的指導和教誨，言語表達不盡我對他們的感激和敬意。

冬天，我在王達三老師教太極拳的場子練，每天早晨 6 點 30 分我已練得渾身大汗，這時總有一位九十多歲白髮蒼蒼的老太太，遛早兒遛到我那兒高聲大嚷：「饅頭開鍋了沒有呀？」王達三是李文彪先生的徒弟，他的槍術和劍術很好。我經常到他的家裡去學八面戰身槍、黑白鷂子對槍和純陽劍。他不僅教我套路，還親自跟我對扎，教我槍和劍的使用。

山西人錢謹之先生，是戴龍邦的後人戴魁的徒弟，他的十二形很好，不但套路繁雜，也有獨到之處。他和我的友情深厚，毫無保留地把十二形傳給我，使我獲益匪淺。

天津人張如林先生，他的八卦掌是高義盛一脈，他的形意十二形很複雜，也有獨到之處。他善烹飪，動手炒個菜給我吃，是他最高興的事情。他教我很多東西，使我對高義盛先生的八卦掌有了一定的了解和認識。

程廷華先生之二子程有信先生，又名二海，他退休後每

程有信先生

天都在公園傳授八卦掌，他很保守，徒弟們想得到一點兒傳授很不容易，但我老是黏著他，總算得到他親加指導，未負苦心。

在程有信先生的場子裡我認識了王榮堂先生。王榮堂先生是程廷華弟子楊明山的徒弟，我經常到他家去拜望，請他給我講手法。我們經常去地壇公園，使我認識了劉晚蒼先生和吳彬芝先生。我跟吳先生學了武當劍法和高義盛先生的「三十六路翻身」。在劉先生處練習太極推手，跟他的徒弟們推，劉先生也親自與我推。使我獲益匪淺。

在東單公園我還認識了田迴先生。他對我非常賞識和器重，總想教我他的八卦掌，遺憾的是我練的是八卦趟泥步，他練的是雕旋步，大相徑庭，故而沒法練習，只好學了一個蛇形掌，淺嘗輒止。他待我很好，當我到他家時，就立刻做魚給我吃，還讓我隨意挑選酒櫃中的酒，我就選五糧液。他的徒弟孫長利嫉妒地說：「敬儒的面子真大，老師從未給我們喝過五糧液。」

我星期日上午去中山公園跟老師練拳，隨後去楊禹廷老先生處聆聽他給學生們講解太極拳理或看看史正剛老和尚教李秉慈、馬有清練大悲拳，或聽劉志剛老師侃武林軼事，或看他的徒弟練八卦掌。有時候韓其昌先生也帶著一幫徒弟來

練梅花樁。有時去崔毅士處看老先生教太極拳和推手。這一切使我增長了對武術的認識，對我技藝的提升起到了一定作用。

我經常去歷史博物館門前的廣場練功，楊禹廷先生的師弟曹幼甫先生和程廷華的弟子劉斌的高足王文奎先生都在那兒練拳，王文奎先生對我非常好，無絲毫保守，我學什麼就教什麼，八卦掌的八形二十四式，八卦連環劍，群攔刀……在那兒我也經常與曹先生的弟子徐裕才、李振海等推手，切磋和交流技藝。曹先生在旁邊看著樂……

有一天，我在東單公園練拳，剛練完，走來一位瘦高個子先生，他留著小小八字胡，穿著條形格住院服，拿著一根文明棍，對我說：「你認識我嗎？」我一愣，因為我真不認識。他便對我說：「我就是劉談峰，想起來了嗎？」啊！我急忙說：「想起來了。」劉先生是廣東人，上中學時在廣州跟鮑光英先生學過摔手螳螂拳，抗日戰爭時在東南亞一帶參加共產黨，解放前坐過牢。現在是中聯部的幹部。他下了很多工夫向程有信先生學習八卦掌。但他在武術界不爭名不爭利，很少露面，很少有人認識他。他說：「你參加比賽時我就坐在看臺上，練得不錯，我現在正在北京醫院住院治病，過些日子就出院了，我想教你點兒東西好嗎？」我一聽大喜過望，跟他定好了時間地點才分手。

冬天，我5點起床，騎車15里趕往木樨地的中聯部門前河邊的小樹林。寒風刺骨呀！劉先生穿著大衣，戴著棉帽、手套、口罩，準時興沖沖地趕來。他跟太極拳家武雲卿是莫逆之交，互相學習切磋太極拳。所以先教我太極，我練了一個月就把架子學會了，這才開始教學八大掌和八八六十

四掌。我學得很刻苦，他非常高興。

　　有一天，他拿來一對兵器問我是什麼？我一看就知道：這是八卦子午鴛鴦鉞。他問我喜歡不喜歡學，我說當然喜歡，他讓我先做對木頭的，做好了再學。哪知我學習心切，下班回到家裡就把我家的床板子給鋸了，再用銼一點點地銼成了一對鉞。第二天當我拿到他的眼前時，他大吃一驚，怎麼這麼快就做好了呀！我把經過一說，他很高興，於是馬上傳授。

　　我每天凌晨要來回騎車三十多里，必須趕回來，上午 8點上班，真是太苦了，但我苦中有樂，終於學到了我夢寐以求的八卦掌獨特兵器———八卦子午鴛鴦鉞。八卦子午鴛鴦鉞又名日月弧形劍，全名稱是「鹿角、魚尾、蛇身、熊背、鳳眼，四尖九刃十三鋒，八卦子午鴛鴦鉞」。第一套名「二虎擒龍」，分八趟，專門破槍棍；第二套名「雙蛇戲鳳」，分八趟，專門破刀劍；第三套名「八門金鎖」，按八掌練習，目的是隨心所欲，出手成招。

　　1979 年，我去參加南寧第一屆全國武術觀摩交流大會的前夕，劉先生送給我一套程有信先生八大掌拳照。現在國內外雜誌上或八卦掌同門手中的程有信穿著布棉衣棉褲的像片都是我贈出的或他們又翻版而成的。1980 年 5 月，我將去山西太原參加第二屆全國武術觀摩交流大會，劉先生因尿毒症住進了北京醫院。當我從太原再次獲得八卦掌金牌回到家時，寫字臺上擺著劉先生追悼會的訃告。我萬分悲痛。現在回想起來，仍令我無限地沉痛和緬懷！

　　我在宣武區椿樹胡同小學當老師，寧伯康女士跟我是同事，由她而認識了王敷先生。王先生是寧老師的丈夫，他的

六合螳螂拳

祖父和尹福是莫逆之交，故而王先生從尹福之子尹玉璋先生學習尹氏八卦掌。王先生與我關係很好，覺得我是個可造之材，於是帶我去拜見何忠祺老師。

何忠祺先生

何老師的父親是尹福的徒弟何金魁，何老師的母親是尹福先生的女兒尹金玉。何老師從小就跟父母和舅舅尹玉璋、師舅馬貴練習八卦掌，可謂家傳與師授，是尹氏八卦掌的真傳和正宗，深得尹氏八卦掌之精要與神髓。何老師高興地接納了我，於是我經常去何老師家，幸運地得到老師的親自指點和傳授。遺憾的是，他身受文化大革命的摧殘，渾身是病，很多套路都忘記和練不了了。所以，我學的掌式不多。每次見面後，他就孜孜不倦地傳授我八卦掌的手法和刀劍的使用，有時我們二人拿著筷子在屋內比劃，使我得窺尹氏八卦掌的要點和門徑。由我對程氏八卦掌和尹氏八卦掌的練習、總結、歸納和比較，促使我領悟了董海川八卦掌基本的面貌和精要。這要歸功於何老師。

1963年秋天，記得是個星期日的上午，我練完拳正想回家，忽然看見一位四十餘歲的中年人正在東單公園的西北角練拳，練得熟練、自如、圓活。這種拳我從來沒有見過，很是好奇，我走了過去，等人家練完後忙客氣地問：「您練的是什麼拳呀？」他脫口而出：「螺旋拳。」我非常驚訝：

裴稚和先生（右）

「您跟誰學的？」他說：「老裴。」「老裴是誰？」他說：「裴稚和。」我很奇怪，因為我認識這位裴先生，他每個星期日都來中山公園看我練拳。那時候馬有清師兄正跟駱老師學形意拳。老師坐在石凳上看著我和有清一人一趟地練習。旁邊蹲著這位裴先生，有時給老師遞過來一支煙。他表示，他不會練，特別喜歡看。這位中年人一聽哈哈大笑，他說：「我是汽車七場的黨委書記，我叫趙長青，老裴是我廠職工，我能騙你嗎？」我說：「好吧！我星期六晚 6 點去您場子看望裴老師，請您告訴他等我。」他說：「好吧。」於是告訴我汽車七場的地點，分手了。

星期六下午 4 點，下班後我騎著自行車飛奔二十多公里外的沙河鎮，裴老師正在門口等我，我們一見哈哈大笑起來。他一邊向我解釋為什麼說不會練，一邊領著我向他的宿舍走去。在宿舍裡，我看到了他與張占魁先生的合影。他說：「這位大鬍子的，就是張占魁先生，左邊站著的是趙道新，右邊是我。」又拿出了他與趙道新先生比手的相片……他說：那時候，他是天津有名的大資本家，張占魁先生和王薌齋先生都是他養著。張先生和王先生每月都從他那裡拿 200 塊大洋。三反五反時他的產業被政府全部沒收了。剩下一點錢買了一輛大卡車在天津、北京之間跑運輸，公私合營

時合在了運輸七場……

　　從此，我們每個星期日都到天壇去練拳，他除了給我指點形意拳、八卦掌外，就是教我練習他編的「螺旋拳」，當時的名稱是「武當三十六式」，分螺旋拳一套、螺旋拳二套，很難學，因為每個掌式中都有螺旋勁……就這樣，匆匆三年。文化大革命前他退休回天津了；文化大革命中，書記趙長青也受其牽連，成了走資本主義道路的當權派。後來裘老師回來了幾次，每次到北京後我們都在一起，學習他的「螺旋拳」。我也曾兩次去天津看望他。他打算帶我去拜趙道新先生，讓我跟趙先生練拳。他說：「只有我帶去的人，他才肯教。」遺憾的是我不住在天津，怎能去拜趙先生呢！於是他就把趙先生親筆所書的《心會拳》的前身之原稿給了我，留作紀念。當時的名稱是《內功拳法》，共分九段：「一、動靜不二，和光同塵；二、凝神抱元，固本盤根；三、龍翔鶴舉，熊經鳥伸；四、曲伸開闔，沉著鬆靜；五、縱橫順逆，出入無間；六、追形逐影，光若仿佛；七、翕心存神，並氣搏精；八、雷崩電掣，骨振筋騰。」可惜的是我沒有機會學到，終成遺憾。在此寫出來以表示我對趙先生的懷念，更對裘老師的感激、緬懷之情吧。

　　我更幸運的是拜單香陵先生為師，學習「六合螳螂拳」。一天上午，我在東單公園練完拳，忽然發現東單體育場上有三個人練拳。那時候，東單公園還沒有北面的大土山，於是我就到體育場去看，原來是馬漢清先生和李秉慈先生正跟一位老先生練螳螂拳。老先生六十多歲，瘦高的個子，穿著一身黑色的中式褲褂，腳上穿著解放牌綠膠鞋，目光炯炯，精神飽滿。我猜可能是單香陵先生。於是我走過去

單香陵先生（右一）

恭敬地問：「您是單老師吧？」他爽快地用山東語氣說：「是，您是誰？」我說：「我是駱興武的徒弟。」他說：「不是外人，我跟你老師是老朋友，回去一問就知道了。」我問了他的住地，說：「下午，我可能陪著駱老師去看望您。」他愉快地說：「行，歡迎！」

下午，我陪著老師來看望他，在談話過程中，我表示了很想學學螳螂拳，駱老師也表示同意。單老師說：「行，您的徒弟就是我的徒弟，想學什麼都行。」單老師是山東黃縣人。早年隨山東萊陽縣人呂孟超先生學習通背粘拳和槍、棍術，前後歷時8年，後來到黃縣丁自成先生家，單老師與丁夫人沾親，故不用拜師就隨丁先生學習六合螳螂拳術，與趙乾一、張祥三、劉雲樵等等為師兄弟。單老師嗜武成癖，鐵沙掌、鷹爪功無一不操。七塊磚頭疊在一起，一掌拍下，全部碎裂。晚年，把自己家的5間大北房全都打通，黃土漫地，成為練功房，每天練功不輟。單老師的六合螳螂拳真是爐火純青，左右逢源，圓活自如，不管你怎麼出手，都是送上門去挨揍。他的槍、棍術更是技藝精湛，堪稱一絕。

單老師的子女住在內蒙古包頭市，他經常往來包頭和山東。每當單老師路過北京時，就是我們學習的好時機了。我

就早晨去，下午去，晚上去。因此，我學到的最多，進步也非常迅速。

1982 年的暑假，我親自到黃縣看望他老人家，並叩頭拜師。每天早晨，單老師都是盛一碗黃豆去豆腐坊換豆腐，再買一斤鮮豬肉，或者買一隻燒雞。我們坐在小飯桌前吃飯，一邊吃一邊講。單老師很喜歡談他在富連成科班及在廣德和廣和戲院時的故事。

我們上下午練拳，晚飯後單老師就給我們講「六合螳螂拳」的功理和手法：「螳螂拳要練至一活、二順、三剛、四柔、五化，又有明剛、暗剛，明柔、暗柔四種內勁，手法要活似機輪，身法圓似鋼球，腰似車軸，身如鑽杆，出手雕翎箭，用閃電紉針的打法⋯⋯」孜孜不倦，津津樂道，滔滔不絕，時時站起來給我們餵招說手。

1983 年，單老師聽了別人的勸說，心裡一活，就把山東的房子賣了，到子女家去生活。但很快錢就花光了。一輩子剛強的人看著別人的眼色吃飯，窩出了一身病，幾乎輕生自殺。我的師弟杜金果從包頭給我來信，告訴我單老師已經臥床不起。我異常著急，趕緊給老師寄去一些錢，務必給老師看病。後來，杜金果告訴我說：「把錢親自交給了老師，當時老師已經不能說話了。老師臉上露出了笑容，看著我把錢數了數，點了點頭，壓在了枕頭下面。」萬萬沒想到，第二天，1984 年 3 月 5 日早晨，老師與世長辭了。老師教我毫不保守，使我獲益良多。現在，老師的音容笑貌歷歷在目，令我無限悲痛。在此，讓我默念：老師，您老安息吧！我一定刻苦練功，為「六合螳螂拳」的發揚光大做貢獻，決不辜負您對我的期望。記此以表無限沉痛的哀悼！

值得回憶的是 60 年代，在東長安街和北海體育場經常有武術表演，觀眾踴躍，許多老前輩都參加：楊禹廷、吳圖南先生的太極拳，崔毅士先生的推手，陳子江的龍形劍，駱興武先生的形意拳或八卦掌，李堯臣先生的炮捶，李天驥先生的武當劍，吳斌樓先生的戳腳翻子或刀裡加鞭，張文平的杆子鞭等等都是技藝精湛，難得一見。對我武術修養的提升起到了莫大作用。

40 年來，我幸運地投師多位著名武術家學藝，同時得到許多著名武術家的教誨、指點，經過多年的刻苦努力和鍥而不捨的追求，深得八卦掌、形意拳、六合螳螂拳之精要，我立志學武的願望終於得實現，這是我一生中的最大幸福。

1979 年 5 月，國家體委在廣西南寧舉辦全國第一屆武術觀摩交流大會。這是文化大革命後的第一次武術盛會。北京是首都，更加重視。首先在各區、縣選出代表，然後在東長安街體育場進行全市的最後選拔。我不負北京市人民的重托，榮幸地獲得了八卦掌金牌。1980 年在山西太原市舉辦了全國第二屆武術觀摩交流大會，結果，我作為北京市代表隊成員，又榮幸地獲得了八卦掌金牌。1981 年在瀋陽舉辦第三屆武術觀摩交流大會，在這次大會上，我的學生付春梅獲得了八卦掌金牌，為八卦掌爭了光，為八卦掌的發揚光大起到了推動作用。

1980 年，在北京市東城區體委的領導下，由唐永江和我、李秉慈、劉鴻池、馬長勛、王懷六人創立了「東城武術館」。這是「文革」後的全國第一家武術館，我們擔心招不到學生，沒想報名學習的人潮湧而來，後來我們只得多組織班，又聘請許多新教練，為全國開辦武術學校帶了個頭，隨

六合螳螂拳

後全國各地的武術館校如雨後春筍般地紛紛出現。

1981年我被聘為北京武術隊的八卦掌客座教練，專門傳授八卦掌技藝，斷斷續續曾在該隊任教十餘年，培養了眾多的八卦掌國內外金牌獲得者。戈春燕曾先後5次獲全國武術比賽八卦掌金牌，張宏梅及後來的壯暉、商鈺也獲得了八卦掌金牌。北京體育師範大學學生付春梅不僅獲1981年在瀋陽舉辦的全國武術觀摩表演賽的八卦掌金牌，並獲全國工人運動會的八卦掌、八卦劍金牌。

現在我的學生幾乎遍及全國各大省市及美國、法國、德國、義大利、澳大利亞、俄羅斯、瑞典、韓國、日本……1987年我和師兄馬有清先生合著，出版了《程氏八卦掌》一書。後又參加中國武術系列規定套路《八卦掌》一書的統編、審定、定稿工作。1997年7～10月，中央電視臺海外中心向全世界播放了我的八卦掌講座，是基礎掌和八大掌。1998年由北京體育大學出版社出版了我的《程氏八卦掌》錄影帶、VCD，並在中央電視臺「聞雞起舞」欄目播出數月。但僅僅120分鐘的限制，不能充分體現整個八卦掌的全貌。考慮以前所著終因不太全面，所以我克服各種困難，不遺餘力地又寫出了《八卦掌》，把我從許多老前輩老先生處千辛萬苦學來的東西，和我這40年來從事八卦掌鍛鍊的心得體會，系統地從八卦掌的源流、養生、技擊、功理、功法、套路……全面地整理出來，奉獻給大家，奉獻給社會。為八卦掌的發揚光大，做點承前啟後的工作。為了配合《八卦掌》一書的學練，我又在北京體育大學出版社出版的VCD系列《名家名拳》中錄製了《八卦掌》《八卦劍》《八卦子午鴛鴦鉞》，並錄製了《形意拳》。我現年已66歲，練

習八卦掌已有四十餘年，取得了一定成績，更有不少教訓，回憶起來，自己走過一些彎路，浪費過許多時光，花費的精力實在太多太多了，故而總結成功的經驗和失敗的教訓，把自己全部所得撰寫了《八卦掌功法述真圖譜》一書，獻給大家，供八卦掌愛好者參考，為八卦掌走向全世界發揚光大，為全人類服務做貢獻，2001年我又撰寫《八卦掌———青龍探爪圖說》英文版，由我香港的學生鄧昌成先生翻譯並審編，香港武術雜誌社出版，全球發行。

現在，為了「六合螳螂拳」的發揚光大，為了完成單香陵先生的畢生夙願，又克服了種種困難，不遺餘力，撰寫了這部《六合螳螂拳》，為全國人民的武術健身貢獻自己的力量，希望廣大武術愛好者喜歡。

我已年過花甲，已是耳順之年。希望廣大讀者提出寶貴意見，我在北京，隨時聽候朋友們的批評和指正。

2002年8月完稿於北京陶然亭公園茶社

劉敬儒

六合螳螂拳

第二章
概　論

第一節　六合螳螂拳的源流

王　朗

螳螂拳的主要流派有七星螳螂、梅花螳螂、六合螳螂。不論何種流派的螳螂拳，都源自明末山東人王朗。沒有王朗，在繁花似錦的中國武壇上就不會有螳螂拳這一武林奇葩。

王朗如何創出螳螂拳，大致有兩種說法。

其一是：明末王朗學拳於少林寺。學成後出遊。一日，遊於山林間，遇武林高手單通。單通天生通臂，其臂能左右相通。兩人較技三日，王朗仍不能進單通之身，只得敗走。王朗憩於樹下，苦思破敵之法，忽見一螳螂緣樹爬下，乃以草杆戲之。螳螂頭形三角，頸細長，生有兩翅。前足分三節，如人的手臂一樣。前節有鈎有刺，中節肥大似斧似鋸，四足，著地而行。草杆戲之則揚前足，似鈎似掛，草杆觸及身體則能轉頭閃身，還能把草杆順出，草杆雖長也觸不到它

的身體。王朗一再試之，仔細觀察螳螂的動作，二足時而左前右後，時而右前左後，能夠一鈎一打，閃轉靈活，轉變有度，頓悟以短敵長之法。於是王朗時常逮螳螂返寺，朝夕以草杆戲之，觀察模仿，勾、摟、刁、採、崩、砸、掛、劈、粘、黏、貼、靠、閃、轉、騰、挪之動作。後再次與單通交手，大獲全勝。

又一日，王朗於樹下正練螳螂拳法，忽然從樹上跳下一隻猿猴，抓著王朗的衣服就跑，王朗一見急忙追去，剛要抓住，猿猴閃身而脫，如此好幾次，把王朗氣得夠嗆，下定決心，非追上它不可。追了足有半日，猿猴把衣服一丟，逃之夭夭。這時王朗也已精疲力竭，無法再去追趕泄憤。喘息時不由得自己思量，我王朗的步法已經很快了，怎麼追不上猿猴呢，非常奇怪。於是仔細觀察猿猴的足跡，變換的角度，大有所悟，草草製成了圖樣，回寺後日日模仿練習，盡得猿猴跑動之奧妙，並與螳螂拳結合成一體，即所謂螳螂拳法中的「螳螂手與猿猴步」也。自此以後，王朗名噪一時，王朗的螳螂拳更是享譽武林。

其二：王朗與單通比武，王朗不敵，大敗而走，隱匿於草叢中，苦思不止。突然發現一條毒蛇，昂首蠕行，直奔眼前不遠的草叢。為什麼？原來草叢中聳立著一隻螳螂。螳螂看到毒蛇，立刻雙刀抱起，伺機而動，剎那間，毒蛇猛然向螳螂竄去，剛要吞食螳螂，萬沒想到，螳螂一刀攔住毒蛇之舌，另一刀鈎刺中毒蛇之目，愈陷愈深，毒蛇只能翻滾掙扎而已。王朗見此情景，頓有所悟，乃創螳螂手法，以此戰勝單通。

螳螂兩隻前足，名刀，又名拒斧，能粘、黏、崩、撲、

勾、掛、鋸、銼。曳腰聳拒，昂首奮臂，形如天馬行空，極其矯健又極其敏捷。一動一靜極盡機警之能事。當它遇敵時，則虎抱拒斧，磬控縱送，忽左忽右，瞻前而顧後，閃轉開合，極盡奇妙，奮臂輕輕一擊時，更是迅雷不及掩耳。秋蟬遭之而必傷，毒蛇襲之而損目。雖然毒蛇吐信非常快速，仍比不上螳螂的輕輕一拈，以逸待勞，無比巧妙。故而取其神態和動作，設意度形，以少彰大，賦以剛柔相濟、軟硬兼施之理，發其虛實變化之妙。於是由簡而繁，由單手而集為連拳，此即螳螂拳也。傳到今天，不斷地發展和完善，獨樹一幟，別具風格，錦繡花簇，屹立武林，這就是今天的螳螂拳術。

魏 三

魏三又名魏德林，山東省萊陽人，是六合螳螂拳的首傳之人。

魏三一生浪跡江湖，行俠仗義，殺富濟貧，被官府稱為江洋大盜，屢遭通緝。魏三寡言少語，自稱是王朗的再傳弟子，但不言師名。因為他的左手中指、食指、無名指、小指是連指，分不開，故而江湖人稱「鴨巴掌魏三」。

一日，魏三從登州越獄出來，滿身傷痕，潛逃至招遠縣川林村林世春家養傷。因林世春的父親練羅漢拳，與魏三早就相識。魏三感激林世春父子的至誠款待，便收林世春為徒，傳授螳螂拳。

魏三常常在林世春家居住三五日即去，有時一年半載才歸來，來去無蹤。早晨看見他在床上躺著，中午吃飯時已不見其人了。就這樣，教林世春十年餘，技藝大成，遂承其衣

鉢。魏三只傳林世春一人，享年九十餘歲，逝世後林世春扶柩安葬於萊陽故里。

林世春

林世春，山東招遠川林村人，幼年習練家傳的羅漢拳、六合短捶，後來從魏三學功十載，武功卓絕，爐火純青。

一日，林世春趕集售貨，與他人發生口角，遭當地二十餘人聚眾圍打。交手時，林世春一用力，褲腰帶突然崩斷。已來不及繫褲子了，無奈之下，只得用左手提著褲子，右手單臂與二十餘人獨戰，結果，把二十餘人打得落花流水，落荒而逃，自此名聲大噪，六合螳螂拳術更為武林所稱道。

黃縣富戶丁悅來，號稱「丁百萬」。全山東省的當鋪都是「丁百萬」開設，但屢遭強盜或「宵小」的侵犯和欺侮，不得安生。聞聽林世春高超之技藝，即聘請到家護院，自此，盜賊聞風喪膽，「宵小」鼠竄而逃，皆都銷聲匿跡。林世春世代務農，家境較為貧寒，於是「丁百萬」為他蓋新房，聚妻子，待若上賓，一直養到林師父 80 歲，非要回故裡時，才禮送而歸。在此期間，林師父收「丁百萬」之子丁子成和黃縣人王吉臣為徒，傳授其六合螳螂拳術。

林世春回歸故里後，又收招遠趙同書為徒。享年 87 歲而卒。

林世春以務農為業，直到 80 歲時一直在「丁百萬」家，因而一生只到過黃縣，從未到過任何大城市，所授之徒又多是富家子弟。他傳藝都以自衛為目的，從不以技藝炫人。更不輕易授徒，所以六合螳螂拳傳播不廣，非常珍秘，真正把六合螳螂拳發揚光大的，還是丁子成。

丁子成

丁子成，黃縣人，「丁百萬」之子。深得林世春惜愛，盡得林世春之絕藝，功夫深厚，技藝高絕，已達爐火純青之境，故有「北有丁子成，南有趙同書」之稱，為六合螳螂拳一代大師。

丁子成功夫超群，但卻謙虛好學。丁子成家境富有但卻交友篤厚，一生中從無門戶之見，為發展六合螳螂拳法獻出了畢生精力。

煙臺曹作厚，號稱「西霸天」，乃姜化龍之弟子。他久慕丁子成之技藝，遂與丁子成結為好友，而丁子成則命其弟子趙乾一、張詳三向曹師學習七星螳螂拳術，從而六合螳螂拳門中亦有七星螳螂拳。丁子成與八卦掌大師宮寶田、八極拳大師李書文交情莫逆，李書文弟子劉雲樵更拜在丁子成門下學習六合螳螂拳術。

丁子成為了傳播六合螳螂拳，在 1923 年出資成立了黃縣武術館。丁子成為館長，曹作厚、宮寶田、李書文等為教師，丁子成家號稱百萬，用不著教拳糊口，但應黃縣中學邀請，教授六合螳螂拳術。他廣收門徒，為六合螳螂拳的廣泛流傳發揚光大，作出了畢生貢獻。其著名弟子有趙乾一、張詳三、單香陵、劉雲樵、袁君直、趙樹林、付嘉賓、于獻忠、于敬之、陳雲濤等等。

單香陵（1908～1984 年）

單香陵先生，山東黃縣鄒家村人。幼時好動，手腳靈活，7 歲時就隨黃縣趙景清老師學習長拳，其後他的父親又

由山東萊陽請來著名拳家呂孟超老師。呂孟超老師是太平天
國晚期的將領，城被攻破時逃來山東隱匿下來。呂老師教他
通臂黏拳和槍、棍術，前後歷時八載。因年事已高，回了萊
陽故居。於是單香陵先生又來到了黃縣北關著名六合螳螂拳
大師丁子成先生家學習六合螳螂拳術。單香陵先生與丁子成
夫人沾親，來到丁老師家，丁老師夫婦異常歡迎和高興。丁
老師非常喜歡單先生的槍、棍術，於是和單先生商定，由單
先生教諸師兄弟練習槍、棍術，丁老師向單先生親授六合螳
螂拳。

　　單先生嗜武如命，勤學苦練，受到丁老師的器重。經過
悉心傳授，不數年，單先生的六合螳螂拳已得其精奧，後離
鄉，來北京學做生意。

　　單先生乘船北上，由水路越渤海到了大連。住在一位經
商的朋友家裡。一天，6個日本兵闖進了單先生寄居的糧
店，強取貨物。店員們叫他們付錢，卻被打得半死。單先生
見狀大怒，揮動鐵拳狠狠地教訓了行凶的日本兵。不久，單
先生離開了大連，來到了北京，在老鄉開的糧店裡學做生
意。

　　1933年單先生28歲，參加了北京官園體育場舉行的華
北武術擂臺賽，以超群的功夫，過關斬將，最後爭得冠軍。

　　單先生的高超技藝，一時成為北京城內傳播的頭號新
聞。

　　由朋友介紹，廣和戲院的大股東王玉堂先生邀請單先生
去廣和戲院管理前臺的賬目。單先生一去，在戲院裡一站，
當地的地痞流氓再沒有敢鬧事的。廣德戲院老闆一看非常羨
慕，透過王玉堂先生又把單先生請來廣德戲院，所以朋友們

開玩笑地送他外號「兩廣總督」。

　　廣和劇場是富連成科班所在地，一天，科班內的學員起了矛盾，一時劍拔弩張，非要武力相見不可。單先生為了挫挫雙方的銳氣，以達調解之目的。命人搬來一摞磚，碼成一摞，說：「我聽說諸位因小事不和，準備同室操戈，想必都有兩下子。既然如此，哪位先來拿這幾塊磚試試，給大伙露一手。」雙方面面相覷，自知不能，靜靜地看著。「既然諸位不行的話，那就來看我的。」說罷，單先生走到磚前脫下長衫，挽起衣袖，抖抖丹田氣，喝一聲，「開！」右手閃電般地砸下去，「嘩啦」一聲，九塊磚自上至下全部擊碎，立時引起一片喝彩聲。單先生又對大家曉以大義。從此大家言歸於好。此舉震動了梨園，不幾天，班主葉存善先生、總教習蕭長華先生得知此事，特聘單先生為「富連成」科班的客座武術教師。

　　1933 年擂臺賽後，名聲大噪，很多人想拜單先生為師，可他從不輕易收徒，理由是：「武術不挑人，誰練歸誰人，好人得之有利社會，壞人得之就會作惡多端。」直至解放後才開始收徒。

　　單先生特別注重「內修外練」，他說：「要做到三個無止境方可，一功夫無止境，二學理無止境，三修養無止境。」晚年，更把山東自家的五間大北房的隔斷拆除，黃土鋪地，改成練功房。

　　不幸，1984 年，他患腸胃炎，因嚴重脫水，於 3 月 5 日不治而逝，終年 79 歲。單先生的逝世，不僅是六合螳螂拳界的損失，也是中國武術界的一大損失。

　　魏三先生單傳林世春，林世春傳丁子成、趙同書、王吉

臣。王吉臣英年早逝。丁子成傳趙乾一、張詳三、劉雲樵、單香陵，他們又把六合螳螂拳傳到大江南北，全國各地（包括臺灣），並且傳到日本、美國……為發揚光大六合螳螂拳做出了巨大貢獻。

在《六合螳螂拳》一書面世之際，謹向歷代老前輩表達無限的緬懷之情，並預祝六合螳螂拳繁花似錦，光大昌盛，為人類造福，在世界武壇上大放異彩。

六合螳螂拳師承表（部分）

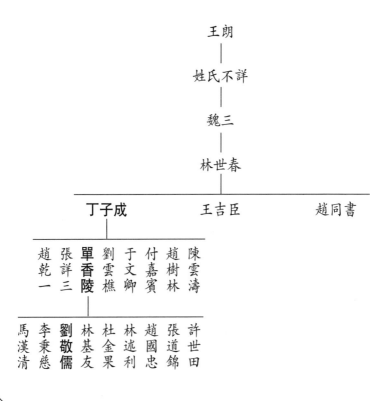

第二節　六合螳螂拳的風格和
技擊特點

自明末清初，山東人王朗創立螳螂拳後，歷經各代螳螂拳家的發展、完善，逐步形成了現在的眾多流派：光板螳螂拳、七星螳螂拳、梅花螳螂拳、六合螳螂拳、通臂螳螂拳、摔手螳螂拳……其中以七星螳螂拳、梅花螳螂拳流傳最廣，六合螳螂拳最為珍秘，享譽國內外。

螳螂拳是象形拳術。它是模仿螳螂的動作、神態、搏擊特點，結合武術的攻防技術而創編的別具風格、攻擊性極強的拳術。七星螳螂拳是以七星步得名。七星螳螂拳經過不斷演變，每當出手時都是三、五手連在一起，謂梅花五朵，故名「梅花螳螂拳」，又名「太極梅花螳螂拳」。它們的動作矯捷、剛健、剛多於柔，架勢舒展、靈活敏捷，輕巧多姿，形象逼真，不但有自衛防身、強身健體的價值，更有觀賞的價值，觀之賞心悅目。六合螳螂拳又稱馬猴螳螂，因套路中摻雜了馬猴手法，故而得名。六合螳螂拳是山東省招遠縣川林村林世春所傳。它是由林世春傳的「六合短捶」和魏三傳的「螳螂拳」而構成，故名「六合螳螂拳」。

六合螳螂拳中的模擬螳螂的成分大大減少，由於「六合短捶」的影響，「捶」的手法和柔的成分大大增加，它是以意導形、神形並重，暗勁多於明勁，纏繞、旋轉、粘黏、滾圈多於直沖之手，出手快速、圓活敏捷，更加具有自衛防身和強身健體的價值。所以人們稱七星螳螂拳、太極梅花螳螂

拳為硬螳螂拳，六合螳螂拳為軟螳螂拳。

螳螂的前足又長又大，兩隻前足又像兩把大斧，故名「拒斧」。它的前節有鈎，中節肥大，生滿鈎刺，後四足著地，擰頭閃身，揚臂運足，動作十分靈活。故而螳螂手法以勾、摟、刁、採、崩、砸、掛、劈、粘、黏、貼、靠、閃、轉、騰、挪為主，稱謂「十六字要訣」。

勾：小指外沿向前，手腕彎曲，小指、無名指、中指依次彎曲，自上而下或向左、向右勾撥對方手臂的動作，謂「勾」。

摟：五指微屈，手心向下，用五指和掌心向下按對方手臂，謂「摟」。

刁：手腕彎曲，用小指、無名指、中指或用拇指、食指、中指把對方手臂擒住，謂「刁」。

採：手指向上，手心向前，用五指把對方手臂抓下，謂「採」。

崩：如用草杆戲逗螳螂時，它不僅可用前足勾、摟、刁、採，也可用前足把草棍彈開。故用力把對方來手來臂彈開或震開的手法都謂「崩」。

砸：練習螳螂拳的人都有「操功」，其臂、其掌堅硬似鐵，如用大力向下擊落對方來臂、來手謂「砸」。

掛：螳螂前臂有鈎有刺，故能掛物。用前臂把對方手臂勾帶而下，或用前臂將對方打來手臂順勢或向後、向左或向右勾帶都謂「掛」。

劈：練習螳螂拳的人大多練有鷹爪鐵臂功，故用小指外沿向對方掄臂砸下謂「劈」。

粘：用貼壓的動作，把對方打來手臂貼壓住，使其不得

脫離，則謂「粘」。

黏：粘黏是不分開的，把對方手臂黏住後再加力，使其不得掙脫，黏得更緊了謂「黏」。

貼：進足進身向對方靠近，身體幾乎接觸或已接觸都謂「貼」。

靠：貼近對方身體後，施以肘打、肩打、胯打都可謂「靠」。

閃：快速躲避謂「閃」。

轉：轉頭轉體的動作都謂「轉」。

騰：跳躍起來躲閃或進攻都謂「騰」。

挪：向前、向後、向左、向右，小距離的身體移動謂「挪」。

六合螳螂拳是「六合短捶」與「螳螂拳」的組合，因而時時離不開「捶」。六合螳螂拳中把拳稱「捶」，其中三捶、磨盤手、勾摟捶、十字砍、浪裡滾沙、肘底捶、撩陰捶、反背捶……不勝枚舉。六合螳螂拳的捶分「捶」和「錐捶」。打擊對方時大多用「錐捶」，要用「寸勁」打人。「寸勁」就是前足踩，後足蹬，力行於腿，提肛溜臀，力行於腰，含胸圓背，力行於肩，鬆肩墜肘，力達於「捶」或「手」，丹田力發，又疾、又重、又突然、又短暫的瞬間，突然爆發，打的距離極短，而達於對方的力量極大，並深透而入，曰「寸勁」。因而要慎重，不可輕易用之。

六合螳螂拳的「六合」，原來是指上下、左右、前後與身體各部動作的協調一致而言，並不是形意拳的外三合即手與足合、肘與膝合、肩與胯合，內三合即心與意合、意與氣合、氣與力合的內外六合。但細究其真，練起六合螳螂拳來

與形意拳的六合也是完全一致的。丁子成大師的得意弟子張詳三先生說道，在練六合螳螂拳時要做到「神聚、肩鬆、身活、步穩、氣暢」，即「眼到、手到、步到、勢到、意到、力到」。實際上就是精氣神、身手步、意氣力的統一，即「內三合，外三合」之意。所以，六合螳螂拳在丁子成大師在世時已開始轉為內家拳。

單香陵先生學練過通臂黏拳，又習練過形意拳、太極拳，與尹福之子尹玉璋先生交情深厚，經常互相切磋技藝，對尹氏八卦掌有深刻的了解和認識。六合螳螂拳經單香陵先生五十多年的研究和磨練，已經完全變成了內家拳法。單先生要求練習六合螳螂拳時必須舌抵上腭，提肛溜臀，自然呼吸，氣沉丹田，還要做到手與足合，肘與膝合，肩與胯合，意與氣合，氣與力合，力與意合，內外六合。因而，六合螳螂拳已屬於內家拳的範疇，也由原來講究明剛明柔、暗剛暗柔的勁力轉變到以暗剛暗柔為主，加以意導形，神似更多於形似。一套六合螳螂拳演練完畢，很少看到模仿螳螂的動作，表面看是以小指外沿在前，向對方面部弧線砍打，似乎沒有螳螂手法，但對方一旦出手擋架，則馬上會變成勾摟习採，螳螂手法變化而出，而且是先擊其面，後勾其手，變化萬端，滔滔不絕，靈活快速，奧妙無窮。

有人說：「螳螂拳手法雖好，可惜無腿。」其實不然，螳螂拳無高腿，如二起腳、飛腳、旋風腳……六合螳螂拳的腿，高腿不能過肩，彈腿不能過襠，蹬踹之腿不能過胸，非常快捷實用。運用的時候，還要手腳齊施，順勢暗遞，令人難以防範，尤以斧刃腳、大展拍等等最為神妙。忽兒左展拍，忽兒右展拍，形似醉漢，似倒非倒，出奇制勝，神奇莫

測。

　　螳螂拳的步法十分豐富，有弓步、馬步、虛步、插步、獨立步、提拖步、滑步、玉環步等等，尤以提拖步最為常見。但六合螳螂拳又十分強調「一不登山，二不騎馬，就地發來就地打」。意思是指交手時不要拘泥於弓步（登山），也不要拘泥於馬步（騎馬），要隨機隨勢，隨意變化。單先生更強調「一不登山，二不騎馬，怎麼合適怎麼打」。

　　所以，六合螳螂拳的步法經過單先生的不斷改進和發展，把六合螳螂拳的提拖步演變成四六步。即前腿膝部微屈，五趾抓地，後腿膝部彎曲，向下蹬勁，上身正直，提肛溜臀，重心前四後六，與形意拳三體式的步子近似。這樣可攻，可守，可進，可退，非常靈活，變化快速，而且易於發力，交手時更加靈活多變，運用自如，一手接一手，一勢接一勢，滾滾向前。

　　歷代六合螳螂拳都是口傳心授，除了傳有個別口訣外，沒有任何專著。只有丁子成大師的著名弟子張詳三先生在臺灣著有一本《六合螳螂拳》，內容只介紹了六合螳螂拳中的一個套路，但其中的「六合螳螂拳口訣歌」和注解很有價值，闡明了六合螳螂拳的風格和技擊特點。現摘錄如下，供六合螳螂拳愛好者們學習和參考。

　　「出手閃電獨一家，提拖滑步實堪誇。勾摟刁採纏絲手，崩砸掛劈螳螂抓。粘黏貼靠力推山，閃轉騰挪危後安。裡外磨盤懷中抱，隨手底漏法無邊。手下有手葉底花，隨形捉影鏡裡花。順提倒牽飛擒手，霹靂斬關挑進手。敗步似退實是進，旋身展拍左右分。指似剛鈎劈點打，點插乘隙上中下。子母連環三尖照，腰似龍形身法妙。步步向前世無敵，

手步相因門不拋。」

張詳三先生是丁子成大師的著名弟子，對「七星螳螂拳」「六合螳螂拳」有高深的造詣。不僅著書立說，更在臺灣廣傳弟子，並使六合螳螂拳傳揚國門之外，對六合螳螂拳的發揚光大，功不可沒。

單香陵先生練習六合螳螂拳五十餘年，吃透了六合螳螂拳。不但完全繼承，而且發展了六合螳螂拳，達到了爐火純青的地步。他形象透徹、精闢地闡明了六合螳螂拳的風格、技擊特點和功法真諦。他強調練六合螳螂拳的人必須練到：「手法活似機輪，身法活似鋼球，腰似車軸，臂如鑽杆。」要「一活、二順、三剛、四柔、五化」，意思是說，螳螂拳的手法要一手接一手，連綿不斷，就像機器的輪子似的，不停地滾動向前。身法要非常圓活，就像鋼球似的，對方一著力，我已滾動變化了，神奇莫測，腰要像車軸，是主宰，左轉右轉，自如異常，水到則渠成。雙臂要互為陰陽，一手向前一手隨後，一手出一手收，如鑽杆似的，一動全動，雙手互相關連，陰陽互易。要活、要順，時剛時柔，剛柔相濟，使對方捉摸不到，變化莫測。

「出手雕翎箭，用閃電紉針的打法，分寸必爭，分秒必爭」。就是說出手時要像射出雕翎箭時的快速，快得能在閃電的瞬間把絲線紉在繡花針的針眼內，這樣才能出手成招，自如自順，靈活、快速、連環。速為上，活為上，「出手不見手，把式才到頭」的隨心所欲境界。

六合螳螂拳的技擊特點是「出手點睛」，手手不離對方的臉。因為頭腦是神經中樞，為全身之主宰，五官又是最脆弱的地方，經受到傷害必敗無疑。出手奔頭部，能給對方

精神上造成最大威脅，對方不是躲避就是擋架。對方躲閃，我仍打；對方招架，就更中了我的陷阱。於是，螳螂拳的手法，勾、摟、採、掛、劈、截、崩、砸一發不可收拾，便於我雙手交替，虛實互易，一臂自為長短，一勢接一勢，一手接一手，如暴風驟雨，迅猛打去，綿綿不斷，勇往直前，千變萬化，出奇制勝，打得對方只能招架，無有還手之力，一打到底，敵人豈能不敗乎？從而達到六合螳螂拳輕的時候如隨風舞紗，快的時候如蜻蜓點水，柔的時候如迎風擺柳，軟的時候如清水漫沙、無隙不入，剛的時候如鐵杵砸石，盡碎成粉。即所謂「手眼身法步秘訣，軟似花胎硬似鐵，進如繡女透輕巧，出似霸王勇莫遮」。「亂截中門一條溝，迎風劈砍往裡投，圈捶連環向前進，剛破剛來柔破柔」。「螳螂到頭，捆封底漏」「螳螂使出雙採手，神仙也敗下風頭」「分明香在梅花上，尋到梅花香又無」。對方明明看到我的出手，但一旦招架或出手還招時，我的手法已變得無蹤無跡了，神奇莫測，千變萬化。

螳螂就是小小的昆蟲，力量雖小，但它敢在滾滾行進的大車前面憤怒地揚起雙臂，阻擋大車的前進。如果大車繼續前進，螳螂就會被碾得粉碎，可見不自量力。但莊公卻褒獎它的勇敢，大車自讓道路，繞道而行。儘管如此，人們還是取笑它「螳臂擋車，不自量力」。

我們學習螳螂拳，不要學它的不自量力，而是學習它在強敵面前剛毅勇猛的精神。充分發揮螳螂拳的靈活、快速、連環、凌厲，有剛有柔有化，一手接一手，一勢接一勢，勇往直前，綿綿不斷的技擊風格和特色。

第三節　六合螳螂拳的練功方法和步驟

螳螂是小小的昆蟲，它的兩個前足又長又肥又大，有鈎又有刺，所以撲食昆蟲和防禦敵人進攻時，離不開它兩足的勾、摟、刁、採、掛、劈、鋸、銼……而螳螂拳是模仿螳螂的動作加以變化而來，人們使用勾、摟、刁、採、掛、劈、崩、碰等手法時都離不開手指、手掌、手背和兩臂。如果手指、手掌、手背、兩臂沒有力量，不堅硬似鐵，就難以施展螳螂手法自衛防身。所以，練習螳螂拳的人必須練習「操功」。把兩手、兩臂練得堅硬似鋼似鐵，才能充分發揮勾、摟、刁、採等等的神奇威力。操功的方法很多，個人可以自由選擇。本書特介紹鐵砂掌、插豆桶、抓鐵球三種方法，供練習六合螳螂拳者參考。

在練習操功的同時要練習螳螂拳法的基本功，由基本功的練習，掌握好螳螂拳的基本手型、步型和手法，要求姿勢準確，動作到位，手法熟練，勁力充實，為練習螳螂拳法打好基礎，為學習六合螳螂拳的套路做好準備。六合螳螂拳的基本功很多，例如，三捶、封手、圈捶、大砍拍、進步三捶等等，本書特選擇 6 種最為常用、最具六合螳螂拳的特色、在套路中經常出現的手法進行介紹講解，以供練習六合螳螂拳者學習和參考。

基本功練習純熟以後可以學習、練習六合螳螂拳的套路，六合螳螂拳的套路有「短捶」「雙封」「藏花」「鐵刺」「截手圈」「先手奔」「照面燈」。學習時可以先學習

「短捶」，然後依次學習「截手圈」「鐵刺」「藏花」「先手奔」「照面燈」，最後學習「雙封」，也可順序顛倒，根據自己的喜愛而安排學練順序。

練習套路要做到下列幾步功夫：

第一步，姿勢準確，動作到位，一手一勢，一步一足都要一絲不苟。

第二步，動作熟練，手法緊湊，力求連環。

第三步，快慢適度，打出勁力，以明剛明柔為主，使出渾身之力。

第四步，自然呼吸，氣沉丹田，以暗剛暗柔為主。

第五步，動作純熟，手法連環，快速圓活。

第六步，六合歸一，虛實分明，剛柔相濟，靈活、快速、連環圓活，一手接一手，一勢接一勢，勇往向前，綿綿不絕。

總之，堅持練習，持之以恆，不難達到單香陵先生所要求的「手法活似機輪，身法活似鋼球，腰似車軸，臂如鑽杆」和一活二順三剛四柔五化的高超境界。

一、操 功

（一）鐵砂掌

準備一個長、寬一尺左右的四方形袋子，不論麻的、布的，只要質地柔韌結實即可。裡面裝滿一寸多厚的鐵砂，平放在堅實的石臺或木凳上均可。

袋內的鐵砂不要有尖刺，內中可以摻些小麥的麩皮等軟

質細末，以免刺傷皮肉或初練時用力過猛把手震傷。隨著功夫的增長，可以逐步減少小麥麩皮量，增加鐵砂量。

練習時「馬步」或「四六步」站立，先用手心拍打鐵砂袋，隨之翻掌，用手背拍打鐵砂袋。如此左手、右手反覆練習近百下，次數由自己決定。開始練時用力要小，逐步加大力量，以能承受為度。飯要一口一口吃，功夫要一天一天地練，只要持之以恆，定能成功。最少要堅持練習三個月或半年、一年、三年。

也可以把臂甩開，用小指外沿或手的虎口部分向沙袋上猛力大掄大劈地摔砸。

每次練習，必然相當疼痛，但要咬牙堅持。練後手掌紅腫，可以熬舒筋化淤的中草藥搓洗，藥水越熱越好，可以把雙手泡在水內搓洗，直到不感疼痛或皮肉鬆軟為止。也可以在清水內加花椒，把水熬開，花椒的藥力已溶解於水內時，即可泡手和搓洗。也可以在沸騰的開水內加適量食鹽進行泡

圖 2-1

圖 2-2

圖 2-3 　　　　　　　　　　　圖 2-4

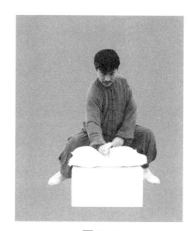

圖 2-5 　　　　　　　　　　　圖 2-6

手和搓洗。目的是消淤、消毒和舒筋活血。

　　練習鐵砂掌目的是把手掌練得堅硬似鐵。以運用螳螂拳的勾、摟、採、掛、崩、碰等技法來發揮螳螂拳技的威力（圖 2-1、圖 2-2、圖 2-3、圖 2-4、圖 2-5、圖 2-6、圖 2-

圖 2-7　　　　　　　　　　圖 2-8

7、圖 2-8）。

（二）插豆桶

　　準備木桶或鐵桶，高度三尺左右，桶內裝綠豆，綠豆數量以至桶沿兩寸左右為宜。綠豆內摻一些小麥麩皮，以免剛一練功就把手指戳壞，皮膚受傷，指甲掀掉……隨著功夫的增加而加大綠豆比重，甚至可摻些鐵砂在內。綠豆性涼，對手掌、手臂有利。綠豆在豆類中比較堅硬，利於練功夫。綠豆粒圓，大小合適，故用綠豆而不用黃豆或黑豆。

　　練習前要剪指甲，衣袖捲起。練習時，在木桶前「馬步」站立，雙手手指貼攏，手指向下，向綠豆內猛力插入，隨之翻起成手心向上，手上攢滿綠豆，一邊慢慢抬起一邊鬆手，綠豆紛紛落入桶內。如此反覆練習，次數由自己決定。

　　每次練習時，手掌骨肉必然疼痛，甚而皮膚搓傷，需要咬牙堅持。練習後必須熬舒筋化淤的中草藥泡手和搓洗，也

圖 2-9

圖 2-10

可以熬花椒水泡手和搓洗，也可以在沸水內加適量的食鹽泡手和搓洗，以便消毒和舒筋活血化淤。

　　練得全手能插入綠豆後，繼續練習前臂的插入，直至插到肘部。可以練習半年、一年、三年……不要淺嘗輒止。

　　插綠豆的目的是練習手掌的力量和手掌、雙臂的堅硬度。通過長期的練習，不但能

圖 2-11

勾、摟、採、掛、崩、砸、鋸、銼，皮膚不但不會受到傷害，反而更加滑潤細膩（圖 2-9、圖 2-10、圖 2-11、圖 2-12、圖 2-13）。

圖 2-12　　　　　　　　　　　圖 2-13

（三）抓鉛球

準備十六磅鉛球兩個，也可以準備兩個小一點的，開始
時先練習小的，手指、手臂有了力量後，可以練習十六磅的
鉛球。

練習時「馬步」站立，左手托球，手心向上，把鉛球拋
起。當鉛球落下時，馬上手心向下，用五指把鉛球抓住。然
後換另一隻手做。如此左手、右手反覆練習。每手要拋抓
20 次、50 次、80 次、100 次……每日練習，不可半途而
廢。

抓鉛球的目的是練習雙手手指的力量即鷹爪力。這樣才
能充分發揮手指的勾、摟、刁、採、封、劈、抓等的功能才
能出手快速，變化多端，勾抓有力，得心應手（圖 2-14、
圖 2-15）。

圖 2-14

圖 2-15

二、基本功

（一）基本手型

螳螂拳的手型很多，
有掌、指、鈎、捶（拳）
等等。下面重點介紹鈎和
拳，供大家練習。

圖 2-16

1. 定型螳螂手（螳螂爪，螳螂鈎）

屈腕，小指和無名指彎曲貼攏，小指指端靠近腕部，幾
乎觸及掌根；中指、食指彎曲，拇指壓在食指上（圖 2-
16）。

2. 活型螳螂手

屈腕，先小指、再無名指、再中指依次彎曲變鈎，再食

指、再拇指貼壓，此為活型螳螂手（圖2-17）。

3. 拳

四個手指先第一節再二節再三節依次彎曲握緊，拇指變曲，壓在食、中二指上（圖2-18）。

4. 錐拳

四個手指彎曲，食指第一節、第二節和拇指第一節擠壓中指，把中指中節頂出在外（圖2-19）。

（二）基本步型

螳螂拳的步型很多，有弓步、馬步、虛步、歇步、倒插步、提拖步（提拖步就是四六步，在六合螳螂拳的套路中百分之七十都是用四六步），下面重點介紹提拖步供大家練習。

提拖步（四六步）

上身正直，前腿微屈膝，五趾抓地向地面踩

圖2-17

圖2-18

圖2-19

圖 2-20 側面

圖 2-20 正面

力，後腿屈膝，向下蹬力，雙腿重心成前四後六的比例，故又名四六步（圖 2-20 側面、圖 2-20 正面）。

（三）基本手法

螳螂拳的手法很多，又千變萬化，故只介紹幾個最重要的手法，供大家練習。

1. 三捶

①右足前進一步，五趾抓地，膝微屈，後腿屈膝，足向下蹬，成重心前四後六的四六步；同時，右手握成錐拳，拳心向下，向胸前打出，高與肩平；左拳拳心向上停於腰際。二目向前平視（圖 2-21）。

②雙足不動；左臂內旋，當翻成拳心向下時握成錐拳，貼右臂之上向胸前打出，高與

圖 2-21

圖 2-22

圖 2-23

肩平；右拳抽回停於腰際。二
目向前平視（圖 2-22）。

　　③上右足，左足跟進，仍
成四六步；同時，右臂內旋，
當翻成拳心向下時握成錐拳，
貼左臂之上向胸前打出，高與
肩平；左拳拳心向上抽回停於
腰際。二目向前平視（圖 2-
23）。

圖 2-24

　　④左足前進一步，五趾抓
地，膝微屈，後腿屈膝足向下
蹬成重心前四後六的四六步；同時，左臂內旋，當翻成拳心
向下時握成錐拳，貼右臂之上向胸前打出，高與肩平；右拳
拳心向上抽回腰際。二目向前平視（圖-24）。

　　⑤雙足不動；右臂內旋，當翻成拳心向下時握成錐拳，

圖 2-25

圖 2-26

貼左臂之上向胸前打出，高與
肩平；左拳拳心向上抽回腰
際。二目向前平視（圖 2-
25）。

　　⑥上左足，右足跟進，仍
成四六步；同時左臂內旋，當
翻成拳心向下時握成錐拳，貼
右臂之上向胸前打出，高與肩
平；右拳拳心向上抽回腰際。
二目向前平視（圖 2-26）。

圖 2-27

　　⑦可右轉 180°回身練習，
也可以繼續向前練習，當左足右拳在前時回身。回身時，左
足尖裡扣，向右轉體 180°上右足；同時右拳拳心向下握成
錐拳，向胸前打出，高與肩平……依次前進練習，再向右轉
體 180°回身，併步成立正姿勢收勢（圖 2-27）。

圖 2-28

圖 2-29

【用法】：

①甲乙雙方（甲為深色
服裝者，乙為淺色服裝者）面
對面站立，甲方上右步，用右
手錐拳向乙方胸部打擊（圖
2-28）。

②乙方立即出左手向下攔
截（圖 2-29）。

③甲方雙足不動，立即出
左錐拳，向乙方胸部打擊，同
時抽回右錐拳（圖 2-30）。

圖 2-30

④乙方立即出右手向下攔截甲方左拳（圖 2-31）。

⑤甲方立即進右步，跟進左步，用右手錐拳向乙方胸部
打擊，同時抽回左拳，目視乙方（圖 2-32）。

圖 2-31

圖 2-32

【要點】：

練習三捶時要自然呼吸，氣沉丹田，鬆肩垂肘，上下協調，六合歸一，打出暗剛之力。使用時三拳要緊湊連貫，一氣呵成，勇往直前。

2. 磨盤手

①立正姿勢開始，右足前進一步，足尖外展成 45°；同時右手手指向上，手心向前，自面前弧線採下，抓下後自然

圖 2-33

握成半拳，名「採手」。二目向前平視（圖 2-33）。

②上左足，成重心前四後六的四六步；同時左手握拳，拳心向上，屈肘橫臂，在右前臂上向右拳前擰滾而動，滾壓而下，雙拳停於胸前，名「捆手」。二目向前平視（圖 2-

圖 2-34

圖 2-35

34）。

③重心前移成左弓步；同時，右臂內旋，當翻成拳心向下時，握成錐拳向胸前打出，高與肩平；左拳拳心向上抽回腰際。二目向前平視（圖 2-35）。

④左足前進一步，足尖外展成 45°；同時，左手手指向上，手心向前，向面前弧線採抓而下，抓下後自然握成半拳。二目向前平視（圖 2-36）。

圖 2-36

⑤上右足，成重心前四後六的四六步；同時右手握拳，拳心向上，屈肘橫臂，在左前臂上向左拳前滾壓而下，雙拳停於胸前。二目向前平視（圖 2-37）。

圖 2-37

圖 2-38

⑥重心前移成右弓步或四六步；同時，左臂內旋，當翻成拳心向下時，握成錐拳向胸前打出，高與肩平；右拳拳心向上抽回腰際。二目向前平視（圖2-38）。

⑦可右轉180°回身練習，也可以繼續前進練習。當左足、右拳在前時回身。回身時，左足尖裡扣，向右轉體180°上右足；同時右手在面前

圖 2-39

採抓而下……繼續前進練習，當左足、右拳在前時，回身併步，成立正姿勢收勢（圖2-39）。

【用法】：

①甲乙雙方對面站立，乙方出右步、出右手向甲方胸部

圖 2-40　　　　　　　　　　圖 2-41

打來（圖 2-40）。

　　②甲方上右步，用右手迎接乙方來手，隨之立即向下採抓乙方前臂，名「採手」（圖 2-41）。

　　③隨之，甲方上右步或左步，屈左肘橫臂，在乙方右臂上，滾壓而下，使乙方不得掙脫，名「捆手」（圖 2-42）。

　　④不等乙方喘息還手，甲用右錐拳，拳心向下向乙方胸部打去（圖 2-43）。

　　【要點】：

　　練習磨盤手時要自然呼吸，氣沉丹田，要鬆肩垂肘，打出暗剛之力。磨盤手中的三個動作使用採手、捆手、錐拳打出時，要連貫、一氣呵成。

　　3. 圈捶

　　①左足在前，右足在後成四六步；右手五指向下，在左肩前抓下，名「摟手」。二目平視左前方（圖 2-44）。

圖 2-42

圖 2-43

圖 2-44

圖 2-45

②左足向右足後斜插一步；左手五指向下，在右肩前摟下；同時，右手握拳，向身後連甩帶擺垂於身體右後側。二目平視左前方（圖 2-45）。

③右足向身後撤一大步，成左弓步；同時，右手握拳，

圖 2-46

圖 2-47

拳心向下、向面前，屈肘掄臂弧
線圈打，「啪」地一聲，右前臂
拍在左手心內，高與肩平。二目
向前平視（圖 2-46）。

　　④向右轉體 45°，上右足成
四六步；同時，左手五指向下，
在右肩前摟下。二目平視右前方
（圖 2-47）。

　　⑤右足向左足後斜插一步；
同時，右手五指向下，在左肩前
摟下；左手握拳，向身後連甩帶
擺垂於身體左後側。目視左手動作（圖 2-48）。

圖 2-48

　　⑥左足向身後撤一大步，成右弓步；同時，左手握拳，
拳心向下、向面前，屈肘掄臂弧線圈打，「啪」地一聲，左
前臂拍在右手心內，高與肩平。二目向前平視（圖 2-

圖 2-49

圖 2-50

49）。

【用法】：

①甲乙雙方對面站立，乙方上右步、出右手向甲方胸部打來（圖 2-50）。

②甲方立即出右手，手心向下，把乙方來手按抓而下，名曰「摟手」（圖 2-51）。

③隨之，甲方不等乙方喘息還手，迅疾向乙方體右側上左步，同時左手握拳，拳心向下，

圖 2-51

向乙方頭部呈弧線圈擊打出。名曰「圈捶」（圖 2-52）。

【要點】：

①可左、右圈捶，反覆前進練習，動作相同。

②要自然呼吸，氣沉丹田，要上下協調，左、右摟手與

圖 2-52　　　　　　　　　　　圖 2-53

圈捶要連貫，一氣呵成。

　　③圈打時，要隨著圈打時的弧線動作慣性，用拳頭甩出全身之力，勇猛快速，一圈到底。

　　④使用時摟手、圈捶要一氣呵成。

4. 大展拍

　　①從立正姿勢開始，上左足，足尖外展 45°；同時，左手手指向上，手心向前，自右臂下向面前弧線採抓而下。目視左手動作（圖 2-53）。

　　②左臂外旋，翻成手心向上時，雙手手心相對，彷彿抓著對方手臂，一齊向右採拽；右足提起，足尖勾起，足心斜向前，向身前自右向左連掃帶踹，高不過腰。二目向前平視（圖 2-54）。

　　③雙手不變；右足隨著向左弧線掃踹的慣性在右足外側後方落下。二目向前平視（圖 2-55）。

　　④左足自然向後移動，保持身體平衡，否則必然摔倒。

圖 2-54

圖 2-55

圖 2-56

圖 2-57

兩目向前平視（圖 2-56）。

　　⑤上右足，足尖外展 45°；同時，右手手指向上，手心向前，自左臂下向面前弧線採抓而下。目視右手動作（圖 2-57）。隨之左足掃踢，依次向前行進，繼續練習。練習

圖 2-58

圖 2-59

次數自己決定。

【用法】：

①甲乙雙方對面而立，乙方上右步、出右手向甲方面部戳刺（圖 2-58）。

②甲方出右手握住乙方右臂，隨之上左手握乙方右肘部，同時向右捋帶（圖 2-59）。

③甲方向右捋帶的同時，起右足，足心斜向前方向左、向乙方的右腿連掃帶踹而出（圖 2-60）。

圖 2-60

【要點】：

①自然呼吸，氣沉丹田。

②右展拍、左展拍、右展拍、左展拍……練起來如醉漢東倒西歪似的。要求上下協調。力點在足的足心或足外沿。

六合螳螂拳

圖 2-61

圖 2-62

③使用時，拎帶方向與掃腿方向正相反，出腿要快速凌厲。

5. 螳螂封手

①馬步站立，右手手心向下，五指向前，自右臂下向面前弧線掃出，高與眉平。二目注視右手動作（圖 2-61）。

②當掃到面前時，繼續手心向下，五指向前、向頭部右前方弧線掃出。二目注視右手動作（圖 2-62）。

圖 2-63

③當掃到右前方時，右手屈腕，先小指，再無名指再中指依次彎曲成螳螂鈎手，停於身體右前方；左手隨右手動作同樣變鈎手停於右肘之下。以上動作不能有絲毫停頓和間隙，要一氣呵成。二目注視右手動作（圖 2-63）。

圖 2-64

圖 2-65

　　④隨之馬步不變；左手手心向下，五指向前，自左臂下
向面前弧線掃出，高與眉平。二目注視左手動作（圖2-
64）。

　　⑤當掃到面前時，繼續手心向下，五指向前、向左前方
弧線掃出。二目注視左手動作（圖2-65）。

　　⑥當掃到左前方時，左手屈腕，先小指、再無名指、再
中指依次彎曲成螳螂鈎手，停於身體左前方；右手亦變鈎手
停於左肘之下。以上動作要一氣呵成。二目注視左手動作
（圖2-66）。

　　【用法】：

　　①甲乙雙方對面站立。甲方上右步，右手手心向下，五
指向前，呈弧線向乙方面部平掃擊打，即先掃其面（圖2-
67）。

　　②乙方出右手攔截甲方掃出之手（圖2-68）。

　　③甲方立即把掃出之右手變鈎，鈎住對方右臂，使其不

圖 2-66

圖 2-67

圖 2-68

圖 2-69

得掙脫，即後掃其手（圖 2-69）。

　　④隨著甲方右手鈎掃乙方手臂時，甲方的左手手心向下，五指向前，向乙方面部平掃擊打，先掃其面（圖 2-70）。

圖 2-70   圖 2-71

【要點】：

①自然呼吸，氣沉丹田。

②左右封手最少要練習 100 次。

③封掃時要鬆肩，用五指先掃對方之面，回收時垂肘變鈎手勾對方之臂，即「先掃其面，後掃其手」。

④要掃出渾身之力，要柔中寓剛，如同甩出的鞭子一樣，要把力量甩到手指上。

⑤使用時先右手後左手或先左手後右手，要一氣呵成，即「先掃其面，後掃其手」「一封到底」。

6. 螳螂勾手

①從立正姿勢開始。上右足成四六步；同時，右手五指向上，手心向內，經胸部向面前鑽起。二目注視右手動作（圖 2-71）。

②當右手鑽起到頭的前上方時，前臂內旋，當擰成小指外沿向前時，先小指，再無名指，再中指依次彎曲勾屈而

圖 2-72

圖 2-73

下。二目注視右手動作（圖2-72）。

③當右手勾屈而下時，上右足，跟左足仍成四六步；同時，左手五指向上，手心向內，經胸部向面前鑽起。二目注視左手動作（圖2-73）。

④當左手鑽起到頭的前上方時，前臂內旋，當擰成小指外沿向前時，先小指，再無名指，再中指依次彎曲勾屈而

圖 2-74

下。二目注視右手動作。可繼續向前連續練習，也可以右轉回身練習。練習次數由自己決定（圖2-74）。

【用法】：

①甲乙雙方對面站立。甲上右步，用右手食指、中指向

圖 2-75

圖 2-76

乙方眼睛點刺，名曰「螳螂點睛」（圖 2-75）。

②乙急忙出右手攔擋甲方螳螂點睛，進行自衛（圖 2-76）。

③甲屈右腕，先小指，再無名指，再中指依次彎曲，把對方手臂採抓而下；同時屈左肘，用左手小指外沿和前臂向對方面部砍打，名曰「鐵刺手」，又名「螳螂勾手」（圖 2-77）。

圖 2-77

④乙方必然出左手攔擋甲方的螳螂勾手進行自衛（圖 2-78）。

⑤甲方則用左手把乙方右臂採抓而下，同時右臂屈肘，

六合螳螂拳

圖 2-78

圖 2-79

用小指外沿和前臂向對方面部砍打，以上動作要連環快連，一手接一手，一勢接一勢，勇猛向前，砍倒對方為止（圖2-79）。

【要點】：

①動作要連環快速，一手接一手，毫無停頓，毫無間隙，滾滾向前，綿綿不絕。

②要練習明剛明柔、暗剛暗柔之力，自然呼吸，氣沉丹田。

③使用此手時，要向下勾出力量，同時也要向前砍出力量，同時更要動作連貫，毫無停頓和間隙。

六合螳螂拳

80

```
┌─────────────────────────────┐
│         第三章              │
│   六合螳螂拳的傳統          │
│   套路動作圖解              │
└─────────────────────────────┘
```

第一節　短　捶

一、短捶簡介

　　六合螳螂拳是由林世春先生傳留的「六合短捶」和「螳螂拳」所組成。所以「短捶」是六合螳螂拳的重要組成部分。整個套路很少有螳螂手法，基本以「捶」為主。

　　雖然「截手圈」「鐵刺」「藏花」「先手奔」「照面燈」「雙封」是螳螂手法，但它們都有「短捶」痕跡。六合螳螂拳的風格特點不同於七星螳螂拳、梅花螳螂拳，就是受「短捶」的影響。短捶的特點極其圓活連貫，上下協調，要練出暗剛暗柔之力，要氣沉丹田，所以六合螳螂拳的整個特點都要體現圓活、協調、連貫，要暗剛暗柔，要氣沉丹田。雖然「短捶」很少有螳螂手法，但它是六合螳螂拳中的基礎，是六合螳螂拳中最重要的傳統套路。

練習「短捶」時要動作緊湊，一手接一手，一勢接一勢，勇往直前，綿綿不斷。「短捶」中的勾挑、纏繞、弧線動作特別多，很少有直臂動作，練習時要求鬆肩垂肘，打出暗剛暗柔的勁力。「短捶」的動作雖然「短」，但練習要求雙臂要能放長及遠，靈活圓順，伸縮自如。「短捶」的肘法很多，肘肘離不開撐腰的動作，因而能增長腰力，練習「腰如軸立」，靈活多變。練習「短捶」時還要自然呼吸，氣沉丹田，六合歸一。只有由「短捶」的長期練習，動作純熟，有了功夫以後，才能達到「一活二順三剛四柔五化」的高超境界，自然能出手成招，隨心所欲，神奇莫測。

二、動作名稱

1. 起　勢	14. 攢　捶	27. 後坐肘
2. 連環勾挑	15. 十字砍	28. 右插劍
3. 單弓肘	16. 拍刀手	29. 花月背劍
4. 十字砍	17. 八翻捶	30. 磨盤手
5. 雙插劍	18. 十字砍	31. 彎弓勒馬
6. 雙弓肘	19. 反展手	32. 右盤肘
7. 閉貼手	20. 雙貫耳	33. 十字砍
8. 勾挑手	21. 閉貼手	34. 左盤肘
9. 右盤肘	22. 反背捶	35. 反背捶
10. 反背捶	23. 雙展耳	36. 拍刀手
11. 脫勾手	24. 右盤肘	37. 肘底看捶
12. 八翻捶	25. 脫勾手	38. 退步撩陰
13. 撩陰捶	26. 挑　捶	39. 虎　撐

40. 肘底看捶	48. 挑進手	56. 背　劍
41. 連環挑進手	49. 反背手	57. 飛擒手
42. 插　捶	50. 撩陰手	58. 閉　捶
43. 反背手	51. 破漏肘	59. 掃邊手
44. 雙展手	52. 十字砍	60. 單弓肘
45. 捧合手	53. 虎　坐	61. 收　勢
46. 十字砍	54. 雙插劍	
47. 浪裡滾沙	55. 穿挑手	

三、動作圖解

1. 起　勢

頭正頸直，嘴微閉，舌抵上腭，成立正姿勢；雙臂自然下垂於身體兩側，提肛溜臀，氣沉丹田，精神集中。二目向前平視（圖3-1-1）。

2. 連環勾挑

①左足後撤一步，膝部彎曲向下坐身，前腿微屈，五趾抓地，成重心前四後六的四六步；同時，雙手握錐拳，自身體兩側向身前擰臂旋轉，翻成拳心向上，右拳在前，左拳貼在右肘內側，高與肩平。二目向前平視。名曰「子母捶」（圖3-1-2）。

②左足前進一步；同時，左錐拳拳心向上，貼右臂下方向面

圖 3-1-1

圖 3-1-2

圖 3-1-3

前屈臂穿挑，高與鼻平；右拳拉至左肘內側。二目向前平視
（圖 3-1-3）。

③右足前進一步，同時，右錐拳拳心向上，貼左臂下方
向面前穿挑，高與鼻平；左拳拉至右肘內側。二目向前平視
（圖 3-1-4）。

3. 單弓肘

①左足前進一步，足尖裡扣；同時，左錐拳拳心向上，
經右臂下方向面前穿挑，隨之屈肘折回，拳心向下，停在下
頦前方。目視左拳動作（圖 3-1-5）。

②向右轉體 90°；隨之，雙足向身體左側橫移半步成馬
步；同時，右手手心推左拳，向身體左側平臂頂肘，名曰
「單弓肘」。「連環勾挑」與「單弓肘」的動作要一氣呵
成。目視左前方（圖 3-1-6）。

4. 十字砍

①蹬左足，重心右移，成右弓步；隨向右擰腰的同時，

六合螳螂拳

圖 3-1-4

圖 3-1-5

圖 3-1-6

圖 3-1-7

右臂屈肘，向右肩前豎起；左手握拳，拳心向內，經面前在右臂外橫臂砍下，與右臂形成「十」字形，故名「十字砍」。目視左拳動作（圖 3-1-7）。

②蹬右足，重心左移成左弓步；隨向左擰腰的同時，左

圖 3-1-8

圖 3-1-9

臂屈肘，拳心向內，在左肩前豎
起；右拳拳心向內，經面前在左
臂外橫臂砍下，與左臂形成
「十」字形，故名「十字砍」。
目視右拳動作（圖3-1-8）。

5. 雙插劍

①右臂外旋，左臂落下，雙
拳拳心向上，雙拳內側貼攏，隨
著向右擰腰的動作在胸前向右畫
平圓，置於腹前；此時馬步、坐
身。二目前視（圖3-1-9）。

圖 3-1-10

②雙臂內旋，雙拳向內翻下，翻成雙拳拳心向下時，隨
著雙足向前跳移半步的同時成錐拳向前打出，雙臂不許伸
直，打出暗剛之力，高與胸平。二目向前平視。以上十字
砍、雙插劍的動作要連貫，一氣呵成（圖3-1-10）。

圖 3-1-11

圖 3-1-12

6. 雙弓肘

馬步坐身，方向不變，雙拳拳心向下，雙臂端平屈肘，雙肘肘尖向身後頂出。二目向前平視（圖 3-1-11）。

7. 閉貼手

左腿彎曲，支撐全身，右足足尖點地，貼於左足內側；同時，右手小指外側用力，貼右腿外砍下；隨之，向右轉體90°，右足直上一步成四六步；同時，右手外旋，翻成手心向上時，自下向胸前弧線纏繞，當手心向上時，右手手背和右前臂向內側沉壓而下，彷彿壓著對方手臂使其不得脫離，故名「閉貼手」。二目向前平視（圖 3-1-12）。

8. 勾挑手

雙足不動；左手握拳，拳心向上，自右臂下向面前穿挑而出，高與鼻平。目視前方（圖 3-1-13）。

9. 右盤肘

①雙足不動；右手手心向下，在右肩前抓下，隨之，左

圖 3-1-13　　　　　　　　圖 3-1-14

手手心向下，在左肩前抓下，名曰「摟手」。二目注視雙手
動作（圖 3-1-14）。

　　②雙足不動，向左擰腰轉體 180°成左弓步，同時右臂
端平，隨著擰腰的動作，右肘肘尖向前平擺打出，左手
「啪」地一聲，拍在右手前臂外側。二目向前平視（圖 3-
1-15）。

　　10. 反背捶

　　左足尖裡扣，向右擰腰轉體 180°成重心前四後六的四
六步，同時隨著向右擰腰的動作，左手手心向下在右肘尖外
抓下，同時右拳翻成拳心向上時，向左手前反背砸下，高與
肩平，目視前方，名「反背捶」（圖 3-1-16）。

　　11. 脫勾手

　　①右足足尖裡扣，右腿彎曲，左足隨向左轉體 180°的
同時前進一步成重心前四後六的四六步。同時左手握拳，拳
心向上，用拳背向胸前撥掛壓落，高與肩平，目視前方（圖

六合螳螂拳

圖 3-1-15

圖 3-1-16

圖 3-1-17

圖 3-1-18

第三章　六合螳螂拳的傳統套路動作圖解

3-1-17）。

　　②左足前進一步右足跟進，仍成四六步，同時右臂內旋，翻成手心向下時貼左臂之上向前錐拳打出，高與肩平，目視前方（圖 3-1-18）。

圖 3-1-19

圖 3-1-20

③左足前進一步，右足跟進，仍成四六步。同時左臂內旋，翻成拳心向下時成錐拳，貼右臂之上向胸前打出，以上動作要一氣呵成。二目向前平視（圖 3-1-19）。

12. 八翻捶

①左足足尖裡扣，向右轉體 90°，隨之，右足向右前方上步左足跟進成四六步，同時，左拳變手向右前方抓下，

圖 3-1-21

右拳拳心向上，自左手下方向右前上方錐拳挑打，高與鼻平。左手置於腹前，目視前方（圖 3-1-20）。

②右足足尖裡扣，向右轉體 45°，左足向左前方上步，右足拖步跟進成四六步；同時，右手向左前方抓下；左拳拳

六合螳螂拳

圖 3-1-22

圖 3-1-23

心向上成錐拳，自右手下向左
前上方挑打，高與鼻平，左手
置於腹前。目視右前方（圖
3-1-21）。

13. 撩陰捶

　　左足尖裡扣，右足向前後
撤步；同時，左臂彎曲，左肘
自然上抬；右臂內旋，用右拳
外沿向身後直臂撩出。目視後
方（圖 3-1-22）。

14. 攢捶

圖 3-1-23 附圖

　　左足尖裡扣，向右轉體 180°，右足向後撤，與左足成
馬步；同時，左手在體前抓下；右臂外旋，翻成拳心向上時
向面前成錐拳鑽出，高與眉平。目視前方（圖 3-1-23、圖
3-1-23 附圖）。

圖 3-1-24

圖 3-1-25

15. 十字砍

①蹬右足，重心左移成左弓步；隨著向左擰腰的同時，左臂屈肘，拳心向內，在左肩前豎起；右拳拳心向內，經面前向左臂外橫臂砍下，與左臂形成「十」字形，故名「十字砍」。目視右拳動作（圖 3-1-24）。

②蹬左足，重心右移成右弓步；隨著向右擰腰的同時，右臂屈肘，在右肩前豎起；左手握拳，拳心向內，經面前向右臂外橫臂砍下，與右臂形成「十」字形，目視左拳動作（圖 3-1-25）。

16. 拍刀手

①重心移至左腿，右足尖點地，貼於左足內側；同時，右手外沿向身體右側砍下。目視右拳動作（圖 3-1-26）。

②向右轉體 90°，上右足成四六步；同時，右手外旋，翻成拳心向上時向胸前平砍，成合抱姿勢。目視前方（圖 3-1-27）。

圖 3-1-26

圖 3-1-27

③右足前進一步，左足跟進仍成四六步；同時，右臂內旋，翻成手心向下時向體前平砍，高與肩平。以上動作要一氣呵成。二目向前平視（圖3-1-28）。

17. 八翻捶

①向左轉體 90°，左足向左前方直上一步，右足跟進成四六步；同時，右手向左前方抓下；左拳拳心向上，自右手

圖 3-1-28

下向左前上方成錐拳挑打而出，高與鼻平。目視前方（圖3-1-29）。

②向右轉體 90°，右足向右前方直上一步，左足跟進仍成四六步；同左，左手向右前方抓下；右拳拳心向上，自左

圖 3-1-29

圖 3-1-30

手下向右前上方成錐拳挑打而出，高與鼻平。目視前方（圖
3-1-30）。

18. 十字砍

①右足向身後撤一大步，蹬左足成右弓步；隨之，右臂
屈肘，拳心向內，在右肩前豎起；左手變拳，隨著向右擰腰
的動作，拳心向內，在右臂外側橫臂砍下，與右臂形成
「十」字。目視左拳動作（圖 3-1-31）。

②蹬右足，重心左移成左弓步；隨之，左臂屈肘，拳心
向內，在左肩前豎起；右拳拳心向內，隨著向左擰腰的動
作，在左臂外側橫臂砍下，與左臂形成「十」字。目視右拳
動作（圖 3-1-32）。

19. 反展手

向右轉體 45°，右膝提起成獨立步；同時，雙手手心向
上，右手前，左手後，用手背向胸前貼壓而下。目視前方
（圖 3-1-33）。

圖 3-1-31

圖 3-1-32

圖 3-1-33

圖 3-1-34

20. 雙貫耳

　　①落右足，左膝提起成獨立步；同時，雙手手心向上，手指向前，向面前穿出，高與肩平。二目前視（圖 3-1-34）。

圖 3-1-35　　　　　　　　圖 3-1-36

②左足落下成四六步；同
時，雙手手心向下摟落，按至雙
腿外側。目視前方（圖 3-1-
35）。

③弓左步；同時，右手握
拳，向面前弧線圈擊；左手手心
「啪」地一聲，握在右拳上。二
目向前平視。反展手和雙貫耳要
一氣呵成（圖 3-1-36）。

圖 3-1-37

21. 閉貼手

①右足向後撤半步，左足跟
撤半步，成四六步；同時，雙手握拳，用拳背向下貼壓，高
與胸平。二目前視（圖 3-1-37）。

②隨之，左足進半步，右足跟進仍成四六步；同時，左
拳拳心向上、再向面前鑽出。二目向前平視（圖 3-1-

圖 3-1-38

圖 3-1-39

38）。

22. 反背捶

右足前進一步，左足跟進，仍成四六步；同時，右拳拳心向上，自左臂下向面前勾挑，隨之，再用拳背向胸前反背砸下，名曰「反背捶」。二目向前平視（圖 3-1-39）。

23. 雙展耳

右足足尖裡扣，向左轉體 90°，成半馬步；同時，雙拳裡旋，翻成手心向下時在面前抓下；隨之，坐身成馬步；同時，雙手手心向前，手指向上，自身體兩側向兩耳側立起。目視前方（圖 3-1-40、圖 3-1-40 附圖）。

24. 右盤肘

①左足尖外擺，向左轉體 90°成四六步；左手手心向外，在面前抓下；右手自然落於腰際。目視前方（圖 3-1-41）。

②右足在左足前扣步；左手手心向下，在左肩外抓下。

圖 3-1-40

圖 3-1-40 附圖

圖 3-1-41

圖 3-1-42

目視前方（圖 3-1-42）。

　　③雙足不動，向左擰腰轉體 180°；同時，右臂端平，右肘肘尖向前平擺打出，「啪」地一聲拍在左手手心內。二目向前平視（圖 3-1-43）。

圖 3-1-43

圖 3-1-44

25. 脫勾手

①向右轉體 180°，上右步，左足跟進成四六步；同時，右拳翻成拳心向上時，用拳背向胸前撥掛壓落，高與肩平，左拳自然落至腰際。目視前方（圖 3-1-44）。

②左足前進一步，右足跟進，仍成四六步；同時，左拳拳心向下鬆肩沉肘，貼右臂之上，向前成錐拳打出，打出暗

圖 3-1-45

剛之力；右拳自然收於腰際。目視前方（圖 3-1-45）。

③右足前進一步，左足跟進，仍成四六步；同時，右拳拳心向下，鬆肩沉肘，貼左臂之上，向前成錐拳向胸前打出，打出暗剛之力；左拳自然收於腰際。二目向前平視（圖

圖 3-1-46

圖 3-1-47

3-1-46）。

26. 挑捶

①右足向身後撤一大步，向右轉體 180°成四六步；同時，右拳拳心向內，經腹前向身前撩出挑起。目視前方（圖 3-1-47）。

②上右足，左足跟進仍成四六步；同時，左拳拳心向下，自右臂上向前胸前錐拳打出。二目向前平視（圖 3-1-48）。

圖 3-1-48

27. 後坐肘

①雙足不動，左手手心向下，在右肩前抓下。目視左手動作（圖 3-1-49）。

②左足向右足後撤步；同時，右手手心向下，在左肩前

圖 3-1-49

圖 3-1-50

圖 3-1-51

圖 3-1-51 附圖

抓下。目視身體右側（圖 3-1-50）。

　　③向左擰腰轉體 90°的同時，右足向後撤一步，左足向後跟撤半步，坐身成馬步；同時，左手手心推右拳，向身後平臂頂肘。目視身後方向（圖 3-1-51、圖 3-1-51 附圖）。

圖 3-1-52

圖 3-1-52 附圖

28. 右插劍

左足前進一步，右足跟進一步，仍是馬步；同時，左拳拳心向內，向面前挑起，右拳拳心向下成錐拳向胸前打出，鬆肩垂肘，高與胸平。目視右拳（圖3-1-52、圖3-1-52 附圖）。

29. 花月背劍

①擺右足，向右轉體 90°；同時，右拳變掌，向面前弧線抓下，抓下後成半握拳。目視前方（圖3-1-53）。

圖 3-1-53

②左足前進一步；同時，左拳拳心向上，在右手前橫臂滾壓而下。目視前方（圖3-1-54）。

③上右足，與左足併步蹲身；同時，右手握拳，拳心向

圖 3-1-54

圖 3-1-55

內，向面前穿挑而出，高與眉平。二目向前平視（圖3-1-55）。

④上左足，足尖裡扣；同時，左拳拳心向內，自右臂下向面前穿挑而出。二目向前平視（圖3-1-56）。

⑤隨之，屈左肘，左拳勾回，拳心向下時頂肘；同時，重心移至左腿成左弓步；右拳

圖 3-1-56

向身後直臂撩出成背劍式，向右擰身。二目回視。以上動作要一氣呵成（圖3-1-57）。

30. 磨盤手

①向右轉體180°，回身擺右足，成四六步；同時右手向面前弧線抓下。目視前方（圖3-1-58）。

圖 3-1-57

圖 3-1-58

②左足向右足前扣步，仍是四六步，同時，左臂外旋，翻至拳心向上時，橫左臂，自右前臂之上向前滾壓而下。二目向前平視（圖 3-1-59）。

③重心前移成左弓步；同時，右手拳心向下成錐拳，向胸前打出，高與肩平。二目向前平視（圖 3-1-60）。

圖 3-1-59

31. 彎弓勒馬

向右轉體 90°，雙足成馬步；同時，左拳拳眼向上，自右臂下向身體左側橫臂掄打。目視左前方（圖 3-1-61）。

32. 右盤肘

①向左轉體 90°，擺左足成四六步；同時，左手經胸前

圖 3-1-60

圖 3-1-61

圖 3-1-62

圖 3-1-63

向面前弧線抓下。二目前視（圖 3-1-62）。

　　②向左足前扣右步；同時，右手手心向下，在左肩外摟抓而下。二目向前平視（圖 3-1-63）。

　　③雙足不動，向左擰腰轉體 180°，成左弓步；同時，

圖 3-1-64

圖 3-1-65

右臂屈肘，隨擰腰動作右肘平擺打出，「啪」地一聲，左手拍在右前臂外側。以上動作要一氣呵成。二目向前平視（圖 3-1-64）。

33. 十字砍

①向右擰腰轉體 180°，回身成四六步；同時，右拳拳心向上，向胸前反臂劈砸而下。二目向前平視（圖 3-1-65）。

圖 3-1-66

②右足前進一步，左足跟進仍成四六步；同時左手握拳，拳心向下成錐拳，鬆肩垂肘，在右臂之上向胸前打出。二目向前平視（圖 3-1-66）。

③左足後撤一步，右足跟撤一步成馬步；隨著向左擰腰的動作，左拳拳心向內，在左肩前豎起；右拳拳心向內，彎

圖 3-1-67

圖 3-1-68

臂屈肘，向左臂外橫臂砍下，與
左臂成「十」字形，名曰「十字
砍」。以上動作要一氣呵成。二
目向前平視（圖3-1-67）。

34. 左盤肘

①右足前進一步成四六步；
同時，右手自下經胸前向面前弧
線採抓而下。二目向肘前平視
（圖3-1-68）。

圖 3-1-69

②左足向右足前扣步；同
時，左手手心向下，在右肩前摟
抓而下。二目向前平視（圖3-1-69）。

③雙足不動，重心右移，向右擰腰轉體180°成右弓
步；同時，左臂屈肘，隨擰腰動作左肘平擺打出，「啪」地
一聲，右手拍在左前臂外側。以上動作要一氣呵成。二目向

107

圖 3-1-70

圖 3-1-71

肘前平視（圖 3-1-70）。

35. 反背捶

　　向左轉體 180°，上左足成半馬步；同時，右手向左肘外抓下；左拳拳心向上，向身體左側反背劈砍而下。二目注視左拳動作（圖 3-1-71）。

36. 拍刀手

　　①馬步不變；左拳屈肘收回，拳心向下，與右拳相對；隨之雙拳上下翻動，當翻至右拳在上，左拳在下時停至胸前。二目注視雙拳動作（圖 3-1-72、圖 3-1-72 附圖）。

圖 3-1-72

　　②隨之，右足向右移半步，左足跟移成馬步；同時，右拳拳心向下，向身體右側掄臂平砍而出，高與肩平。二目向

六合螳螂拳

圖 3-1-72 附圖

圖 3-1-73

圖 3-1-73 附圖

圖 3-1-74

右平視。以上動作要一氣呵成（圖 3-1-73、圖 3-1-73 附
圖）。

　　③向右轉體 90°，上右足成四六步；同時，右拳拳心向
內，向面前穿挑而起。二目向前平視（圖 3-1-74）。

圖 3-1-75

圖 3-1-76

④上左足成扣步；同時，左拳拳心向上，向面前反臂劈砍；隨之向右轉體 90°成馬步；雙拳拳心向上，在胸前抱攏。二目注視左拳動作（圖 3-1-75）。

⑤左足向左平移半步，右足跟移半步，仍成馬步；同時，左臂內旋，翻成拳心向下時向身體左側掄臂平砍而出，高與肩平。二目注視左拳動作。以上動作要連貫，一氣呵成（圖 3-1-76）。

圖 3-1-77

37. 肘底看捶

左足尖裡扣，向右轉體 90°，左腿彎曲，重心左移成四六步；同時，左拳拳心向下，屈肘橫臂在右臂下下壓；右臂屈肘，肘尖向上頂出。二目向前平視（圖 3-1-77）。

圖 3-1-78

圖 3-1-79

38. 退步撩陰

向身後撤右足，向右擰身回頭，成左弓步；隨著轉身動作，右拳向身後直臂撩出，左臂彎曲，停於胸前。二目注視撩陰動作（圖3-1-78）。

39. 虎撐

①向右轉體180°，成四六步；同時，雙手手心向下，自身體兩側弧線圈回，在胸前摟抓而下。目視前方（圖3-1-79）。

圖 3-1-80

②右足前進一步，左足跟進仍成四六步或弓步。同時雙手握拳，拳心向下，雙拳拳眼貼攏向胸前衝撞。目視前方（圖3-1-80）。

圖 3-1-81

圖 3-1-82

40. 肘底看捶

以雙足足跟為軸，向左轉體 180°，擰足回身，仍是四六步；同時，左拳拳心向裡，屈肘，在面前豎臂上鑽；右拳拳心向裡，在左拳前面橫臂下砍。二目向前平視（圖 3-1-81）。

41. 連環挑進手

①雙足不動；右拳拳心向內，貼胸部向面前穿挑而出；左拳不動。二目向前平視（圖 3-1-82）。

②左足前進一步，右足跟進仍成四六步；同時，左拳拳心向下，鬆肩沉肘，成錐拳向胸前打出，高與肩平。二目向前平視（圖 3-1-83）。

③雙足不動；右拳拳心向內，貼胸部又向面前穿挑而出；左拳不動。二目向前平視（圖 3-1-84）。

④左足前進一步，右足跟進仍成四六步；同時，左拳拳心向下，鬆肩沉肘，成錐拳向胸前打出，高與肩平。二目向

圖 3-1-83

圖 3-1-84

圖 3-1-85

圖 3-1-86

前平視（圖 3-1-85）。

　　⑤右足前進一步，左足跟進，仍成四六步；同時，右拳拳心向下，成錐拳向胸前打出，高與肩平。以上動作要連續完成。二目向前平視（圖 3-1-86）。

圖 3-1-87

圖 3-1-88

43. 反背手

右足前進一步，左足跟進仍成四六步；同時，右臂外旋，翻成手心向上時，向胸前呈弧線反臂劈砸而下。二目向前平視（圖 3-1-87）。

44. 雙展手

向前上左足，足尖裡扣，向右轉體 90°成馬步；同時，雙手手心向上，向身體右側橫展沉壓。二目注視雙手動作（圖 3-1-88）。

圖 3-1-89

45. 捧合手

馬步不變；雙手手心向下，分別向腹前下抓，隨之向體前雙手合捧；此時右手已變拳，拳心向內，擊在左手手心

六合螳螂拳

圖 3-1-89 附圖

圖 3-1-90

內。二目向前平視（圖 3-1-89、圖 3-1-89 附圖）。

46. 十字砍

①向右轉體 90°，上右足，左足跟進成四六步；同時，右拳拳心向上，向胸前反背掛壓而下；左拳拳心向下成錐拳，自右臂上向胸前打出，高與胸平。二目向前平視（圖3-1-90）。

圖 3-1-91

②左足後撤一步，右足跟撤一步成馬步；同時向左轉體90°；左拳拳心向內，在左額前豎起；右拳拳眼向上，橫臂屈肘，在左臂前砍下，落於左肘下方。二目向右前平視（圖3-1-91）。

圖 3-1-92

圖 3-1-93

47. 浪裡滾沙

①向右轉體90°，上右足成四六步；同時，右拳拳心向內、向面前穿挑豎起，高與鼻平。二目前視（圖 3-1-92）。

②上左足仍成四六步；同時，右臂外旋，翻至拳心向上時向面前反背劈砍。二目向前平視（圖 3-1-93）。

③左足尖裡扣，向右轉體90°成半馬步；右拳不動；左臂屈肘，左拳拳心向上，向回帶至右肘之下。二目向前平視（圖 3-1-94）。

④左足橫進一步，右足跟進，坐身成半馬步；同時，右拳不動；左拳拳眼向上，用拳背向身體左下方橫臂掄打，高與腹平。二目向前平視（圖 3-1-95）。

⑤向左轉體90°，左足尖外擺成四六步；同時，左拳拳心向內、向面前穿挑豎起，高與鼻平。二目前視（圖 3-1-96）。

圖 3-1-94

圖 3-1-95

圖 3-1-96

圖 3-1-97

　　⑥上右足仍成四六步；同時，右臂外旋，翻至拳心向上時向面前反背劈砍。二目向前平視（圖3-1-97）。

　　⑦右足尖裡扣，向左轉體90°成半馬步；左拳不動；右臂屈肘，右拳拳心向上，向回帶至左肘之下。二目向前平視

圖 3-1-98

圖 3-1-99

（圖 3-1-98）。

⑧右足橫進一步，左足跟進，坐身成半馬步；同時，左拳不動；右拳拳眼向上，用拳背向身體右下方橫臂掄打，高與腹平。二目向前平視（圖 3-1-99）。

48. 挑進手

①向右轉體 90°，右足前進一步成四六步；同時，右拳拳心向內、向面前穿挑而起，高與眉平。二目前視（圖 3-1-100）。

②雙足不動，仍成四六步；同時，左拳拳心向內，自右臂下向面前穿挑而起，高與眉平。二目向前平視（圖 3-1-101）。

③右足前進一步，左足跟進，仍成四六步；同時，右臂內旋，翻至拳心向下時成錐拳，在左臂上方向胸前打出，高與胸平。二目向前平視。以上動作要一氣呵成（圖 3-1-102）。

圖 3-1-100

圖 3-1-101

圖 3-1-102

圖 3-1-103

49. 反背手

右足前進一步，左足跟進，仍成四六步；同時，右拳下落，右臂外旋，翻至拳心向上時向面前呈弧線反背劈下，高與胸平。二目向前平視（圖 3-1-103）。

圖 3-1-104

圖 3-1-104 附圖

50. 撩陰手

向左轉體 90°，左足尖外擺，屈膝坐身，右足前進一步，足尖點地成虛步；同時，右拳變掌，手指向下，自下向腹前撩挑而出。二目向前平視（圖 3-1-104、圖 3-1-104 附圖）。

51. 破漏肘

①向右轉體 90°，上右足成四六步；同時，右臂外旋，手心向內、向上伸至頭上，隨之向前弧線採抓而下。二目向前平視（圖 3-1-105）。

圖 3-1-105

②左足在右足前扣步仍成四六步；同時，左手手心向下，在右肩前摟抓而下。二目向前平視（圖 3-1-106）。

③左足前進一步，右足跟進成跪步，兩膝彎曲，又名

圖 3-1-106

圖 3-1-107

「玉環步」；同時，右臂屈肘，右肘肘尖向前頂出，「啪」地一聲，左手拍在右前臂外側。二目向前平視。以上動作要一氣呵成（圖 3-1-107）。

52. 十字砍

①向右轉體 180°，回身上右足成四六步；同時，右拳拳心向上、向胸前反背掛壓而下；左拳拳心向下成錐拳，自右臂上向前打出，高與胸平。二目向前平視（圖 3-1-108）。

圖 3-1-108

②左足後撤一步，右足跟撤一步成馬步；同時，向左轉體 90°；左拳拳心向內，在左額前豎起；右拳拳眼向上，屈臂橫肘在左臂前砍下，置於左肘下方。二目向右前方平視

圖 3-1-109

圖 3-1-110

（圖3-1-109）。

53. 虎坐

向右轉體90°，右足足跟著地，足尖翹起，向前搓進一步，左腿彎曲，名曰「虎坐步」；同時，雙拳拳心向上，小指外沿相貼，隨向右轉體的動作，向右畫弧，收於臍前。二目向前平視（圖3-1-110）。

54. 雙插劍

重心左移成右弓步；同時，雙臂內旋，翻至拳心向下時由胸前頂出。二目向前平視（圖3-1-111）。

55. 穿挑手

①上右足成四六步；同時，右臂外旋，翻成拳心向上時向面

圖 3-1-111

圖 3-1-112

圖 3-1-113

前穿挑而起。二目向前平視（圖3-1-112）。

②上左足成四六步；右拳不動；左臂外旋，翻成拳心向上時，自右臂下向面前穿挑而起。二目向前平視（圖3-1-113）。

56. 背劍

左足尖裡扣，向右擰腰轉體180°，右足前進成右弓步；同時，右肘向頭部上方頂起，左拳向身體後方直臂撩出。目視左拳動作。以上的穿挑手、背劍動作要連貫，一氣呵成（圖3-1-114）。

57. 飛擒手

①向左轉體180°，上左足成四六步；同時，左拳變手，五指

圖 3-1-114

圖 3-1-115

圖 3-1-116

彎曲，向面前弧線抓下。二目
向前平視（圖 3-1-115）。

　②上右足，左足跟進成四
六步；同時，右拳拳心向下，
彎臂屈肘，向面前弧線圈打，
停至左肩前。二目向前平視
（圖 3-1-116）。

　③上右足，左足跟進仍成
四六步；右拳拳心向下，向身
前橫臂砍下。目視右拳動作
（圖 3-1-117）。

圖 3-1-117

　④上右足同時，右手向面前弧線抓下。二目向前平視
（圖 3-1-118）。

　⑤上左足，右足跟進成四六步；同時，左拳拳心向下，
彎臂屈肘，向面前弧線圈回，停至右肩前。二目向前平視

圖 3-1-118

圖 3-1-119

（圖 3-1-119）。

　　⑥上左足，右足跟進成四六步；左拳拳心向下，向身前橫臂砍下。目視左拳動作（圖3-1-120）。

58. 閉捶

　　①上右足，重心落於左腿成四六步；同時，右臂外旋，翻成拳心向上時向身前沉壓而下，閉貼對方來手。二目向前平視（圖3-1-121）。

圖 3-1-120

　　②重心前移成右弓步；左拳拳心向下成錐拳，自右臂之上向胸前打出，高與胸平。二目前視（圖3-1-122）。

　　③隨之，右臂內旋，翻成拳心向下回打成錐拳，自左臂之上向胸前打出。以上動作要一氣呵成，打出暗剛之勁。二

圖 3-1-121

圖 3-1-122

目向前平視（圖 3-1-123）。

59. 掃邊手

向左轉體 180°，右足向身體左側橫上一步，兩腿彎曲，左膝頂於右膝內；同時，右拳拳心向上，向身體左側平掃而出，名曰「打邊手」。目視左前方（圖 3-1-124）。

60. 單弓肘

①向左前方上左步成半馬步；同時，左拳拳心向上，自右臂下向面前穿挑而出，隨之弧線圈回，收至左肩前。目視左拳動作（圖 3-1-125）。

圖 3-1-123

②向右轉體 90°，左足左移一步，右腳跟移一步成馬步；同時，右手手心把左拳向身左推出，頂出左肘尖。二目

圖 3-1-124

圖 3-1-125

圖 3-1-126

圖 3-1-127

注視左肘方向（圖 3-1-126）。

61. 收勢

收左足成立正姿勢，精神集中，氣沉丹田。二目向前平視（圖 3-1-127）。

第二節　截手圈

一、「截手圈」簡介

　　「截手圈」是六合螳螂拳的七個套路中最短的一個。全套往返三次，直來直往，不在起勢處收勢。套路中有「底漏圈」一手，又名「接手圈」。整個套路，要求動作緊湊，勁力柔中寓剛，渾厚迅猛。在打「底漏圈」時，用甩臂的慣性，圈出全身之力，由下而上「一封到底」，整個套路要求：自然呼吸，氣沉丹田，有一瀉千里之勢。

二、「截手圈」動作名稱

1.起　勢	8.掃邊手	15.掃邊手
2.磨盤手	9.勾摟捶	16.勾摟捶
3.撐抹手	10.撐抹手	17.大封手
4.斧刃腳	11.斧刃腳	18.捆封手
5.翻車手	12.翻車手	19.連環踩踹
6.接手圈	13.接手圈	20.投截手
7.脫勾手	14.脫勾手	21.收　勢

圖 3-2-1　　　　　　　圖 3-2-2

三、「截手圈」動作圖解

1. 起勢

頭正頸直，嘴微閉，舌抵上腭，立正姿勢；雙臂自然下垂於身體兩側，提肛溜臀，自然呼吸，氣沉丹田，精神集中。二目向前平視（圖 3-2-1）。

2. 磨盤手

①右足前進一步，足尖外展 45°；同時，右手手指向上，手心向內，貼胸部向上穿起，隨之內旋，當擰成小指外沿向前時在面前弧線抓下。二目注視右手動作（圖 3-2-2）。

②上左足；同時左手握拳，橫前臂，在右臂上向下滾壓右臂，拳心向上，停於胸前。二目前視（圖 3-2-3）。

③隨之，重心前移成左弓步；右拳拳心向下成錐拳，自

圖 3-2-3

圖 3-2-4

左臂上向胸前打出，高與肩
平，要打出暗剛之力。以上動
作要一氣呵成。二目向前平視
（圖3-2-4）。

3. 撐抹手

左足前進一步，右足跟
進，重心前移，仍成左弓步；
同時，左手手指向上，手心向
前，自右臂下面向胸前推出。
要鬆肩沉肘推出，向上的撐撞
之力，名曰「撐抹」。二目向
前平視（圖3-2-5）。

4. 斧刃腳

左足前進一步；左手手心向上，右手手心向下，在腹前
握拳，彷彿抓住對方手臂向回捋帶一樣；隨之，右足足心向

圖 3-2-5

圖 3-2-6

圖 3-2-7

前，足尖後勾，自下向上橫踹而出，力在足心，高不過膝，踹擊對方迎面骨，要快速有力。二目向前平視（圖 3-2-6）。

5. 翻車手

①右足速回落下，膝部彎曲，成四六步；雙手的姿勢不變。二目向前平視（圖 3-2-7）。

圖 3-2-8

②左足前進一小步；同時，左手握拳，拳心向內，在胸前伸起，邊起邊內旋，當前臂擰成拳心向右時向面前呈弧線劈砍而下。二目向前平視（圖 3-2-8）。

③隨之，上右足，與左足屈膝併步；同時，右手握拳，

圖 3-2-9

圖 3-2-10

拳心向左，自左前臂後向面前
呈弧線劈砍而下。二目向前平
視（圖 3-2-9）。

　　④右足前進一小步成四六
步；同時，右手握拳，拳心向
內，在胸前伸起，邊起邊內
旋，當擰成拳心向左時向面前
呈弧線劈砍而下。二目向前平
視（圖 3-2-10）。

　　⑤隨之，上右足，與左足
屈膝併步；同時，左手握拳，

圖 3-2-11

自右前臂後向面前呈弧線劈砍而下。二目向前平視。以上動
作要一氣呵成，要圓活緊湊，不許有絲毫停滯。劈砍時要沉
肩墜肘，力往下沉，砍出全身之力，又名曰「上步亂劈栽」
（圖 3-2-11）。

圖 3-2-12

圖 3-2-13

6. 接手圈

①向左轉體 45°，上左足；同時，左手手心向下，向身左抓下；右手握拳，垂於右腿後面。二目向前平視（圖 3-2-12）。

②右足向身後撤一大步；同時，右手握拳，拳心向下、向面前弧線掄臂圈打，「啪」地一聲，右手拍在左手心內。圈打時要隨掄臂圈打的慣性圈出渾身之力。二目向前平視（圖 3-2-13）。

圖 3-2-14

7. 脫勾手

①向右轉 45°，右足前進一步，左腿彎曲跟進成四六步；同時，右臂外旋，當翻成拳心向上時在胸前向外撥掛壓落。二目向前平視（圖 3-2-14）。

圖 3-2-15　　　　　　　　　　圖 3-2-16

②雙足不變，仍成四六步；同時，左手握成錐拳，拳心向下，在右臂上向胸前打出，高與肩平。二目向前平視（圖3-2-15）。

③隨之，右足再前進一步，左足跟進仍成四六步；同時，右臂內旋，當翻成拳心向下時成錐拳，貼左臂上面向胸前打出；左手拳心向上抽回腰際，要鬆肩沉肘打出暗剛之力。以上動作緊湊連貫，一氣呵成。二目向前平視（圖3-2-16）。

8. 掃邊手

①右足前進一步；同時，右拳變掌，一邊翻成手心向上一邊向腰際收回，當收至腰前時，翻成手心向下，用小指外沿向面前弧線平掃。二目向前平視（圖3-2-17）。

②隨之，左腿彎曲，跟進，仍成四六步；同時，左手內旋，當翻成手心向下時向面前用小指外沿弧線平掃；右手收回貼在腰際。二目向前平視（圖3-2-18）。

圖 3-2-17

圖 3-2-18

　③隨之，左手一邊翻成手
心向上，一邊收回腰際；右足
前進一步；左手內旋，一邊翻
成手心向下，一邊用小指外沿
向面前弧線平掃。二目向前平
視（圖 3-2-19）。

　④隨之，左腿彎曲跟進，
仍成四六步；同時，右手內
旋，當翻成手心向下時，用小
指外沿向面前弧線平掃；左手
收回，貼至腰際。二目向前平

圖 3-2-19

視。平掃時要鬆肩墜肘，要先掃其面再橫開其手，故名「掃
邊手」。以上動作要靈活，協調，圓順，一氣呵成（圖 3-
2-20）。

圖 3-2-20

圖 3-2-21

9. 勾摟捶

①右膝提起；同時，右手手心向內，手指向上，貼胸前向上鑽起，當鑽到頭部前上方時前臂內旋，擰成小指外沿向前時屈腕，先小指，再無名指、中指依次彎曲向面前，弧線抓下，名曰「勾手」。二目向前平視（圖 3-2-21）。

②左手手心向下，五指彎曲，當右手向下勾抓時，自右前臂後面向面前呈弧線按下，名曰「摟手」。二目向前平視（圖 3-2-22）。

③隨之，向前落右足成四六步；右手握成錐拳，拳心向下，鬆肩沉肘向胸前打出，高與肩平，打出暗剛之力。以上動作要一氣呵成。二目向前平視（圖 3-2-23）。

10. 撐抹手

①右足足尖裡扣，向左轉體 180°回身；同時，右手手心向上，手指向前，自身後向胸前托出，手臂托出。二目向前平視（圖 3-2-24）。

圖 3-2-22

圖 3-2-23

圖 3-2-24

圖 3-2-25

　　②左足前進一步，蹬右足，重心前移成左弓步；同時，左手手指向上，手心向前，自右臂下向胸前撐撞推出；右手手心向下，按於腹部。二目向前平視。要推出向上的撐撞之力（圖 3-2-25）。

11. 斧刃腳

同圖 3-2-6，惟方向相反。

12. 翻車手

同圖 3-2-7、圖 3-2-8、圖 3-2-9、圖 3-2-10、圖 3-2-11，惟方向相反。

13. 接手圈

同圖 3-2-12、圖 3-2-13，惟方向相反。

14. 脫勾手

同圖 3-2-14、圖 3-2-15、圖 3-2-16，惟方向相反。

15. 掃邊手

同圖 3-2-17、圖 3-2-18、圖 3-2-19、圖 3-2-20，惟方向相反。

16. 勾摟捶

同圖 3-2-21、圖 3-2-22、圖 3-2-23，惟方向相反。

17. 大封手

向左轉體 180°，上左足成四六步；同時，左手手指向上，小指外沿向前，自右臂外同右手手心相對，一齊向身前弧線掄劈而下，劈下後雙手半握拳。二目向前平視。要封劈出全身之力（圖 3-2-26）。

18. 捆封手

①上左足；同時，左手手心向前，手指向上，貼胸部向上穿起，當穿至頭部前上方

圖 3-2-26

圖 3-2-27

圖 3-2-28

時，前臂內旋，擰成小指外沿向前時，先小指再無名指、中指依次彎曲弧線抓下。二目向前平視（圖3-2-27）。

②以左足為軸擰動雙足，坐身成歇步；同時，右手握拳，橫前臂，自左前臂上面向左拳前面滾壓而下，雙拳拳心向上，停於胸前。二目向前平視。名曰「捆手」（圖3-2-28）。

圖 3-2-29

③上右足，左腿彎曲，跟進成四六步；同時，雙手手心相對，小指外沿向前，右手在前，自左前臂外側同左手一齊向身前弧線掄劈而下，名曰「封手」。一封到底，封出渾身之力，以上動作，一氣呵成，名曰「捆封手」。二目向前平視（圖3-2-29）。

圖 3-2-30　　　　　　　　　圖 3-2-31

19. 連環踩踹

①雙手半握拳，拳心相對，右拳在前，左拳在後，停於腹前，彷彿雙手抓著對方手臂；右足前進一步，左足提起，足尖後勾，足心向前連踩帶踹，高不過膝。二目向前平視（圖 3-2-30）。

②左足前落，右足提起，足尖後勾，足心向前，向前下方連截帶踹而出，高不過膝。二目向前平視（圖 3-2-31）。

20. 投截手

①右足落下，向左轉體180°，成半馬步；同時，右手手指向下，在右腿外側砍下。目視右手動作（圖 3-2-32）。

②向下坐身成馬步；同時，

圖 3-2-32

六合螳螂拳

圖 3-2-33

圖 3-2-34

右手握拳，拳心向內，自下向上鑽起，「啪」地一聲，左手手心拍在右臂內側；右手鑽出之拳高過頭部，又名「攎穿」。鑽出時用錐拳要疾速，冷脆有力。二目注視右拳動作（圖 3-2-33）。

21. 收勢

收左足成立正姿勢，氣沉丹田，精神集中。二目向前平視（圖 3-2-34）。

第三節　鐵　刺

一、鐵刺簡介

「鐵刺」是六合螳螂拳中較短的套路。它以「螳螂勾刊」為主。「螳螂勾刊」又名「鐵刺」。它形象地體現了螳

螂兩個前臂，又勾又刊、又摟又掛、勇猛向前的特點。整個套路動作嚴謹，一勢接一勢，毫無間隙，有如江河流水，滾滾向前，綿延不絕，故名。練習時往返三趟，不在起勢處收勢。練習時要自然呼吸，氣沉丹田。

二、鐵刺動作名稱

1. 起　勢
2. 攪手八翻
3. 連環手
4. 挑進手
5. 反展手
6. 撐抹手
7. 迎門掛印
8. 藏花手
9. 螳螂勾刊
10. 螳螂拐手
11. 螳螂勾刊
12. 反展手
13. 撐抹手
14. 迎門掛印
15. 藏花手
16. 螳螂勾刊
17. 螳螂拐手
18. 大封手
19. 捆封手
20. 連環踩踹
21. 投截手
22. 收　勢

三、鐵刺動作圖解

1. 起勢

頭正頸直，嘴微閉，舌抵上腭，成立正姿勢。雙臂自然下垂身體兩側，提肛溜臀，自然呼吸，氣沉丹田，精神集中。二目向前平視（圖3-3-1）。

2. 攪手八翻

①雙足不動；左手拇指向上，手指向前，先向胸前再回到腹前劃一橢圓。二目向前平視（圖3-3-2）。

②雙足不動；右手手心向下，手指向前，在左手之上先

圖 3-3-1

圖 3-3-2

圖 3-3-3

圖 3-3-4

向胸前再回到腹前劃一平圓。二目向前平視（圖 3-3-3）。

　　③隨之，上右步成四六步；同時，左手手心向下抓至腹前；右手手心向上，屈臂握拳向面前穿挑而出。以上動作要一氣呵成。二目向前平視（圖 3-3-4）。

圖 3-3-5　　　　　　　　　　　　　　圖 3-3-6

3. 連環手

①上右足，左足跟進，成四六步；同時，右手手指向上，小指外沿向前、貼胸部向面前鑽起，隨之，先小指再無名指、中指依次彎曲，向面前弧形勾下。二目向前平視（圖3-3-5）。

②當右手向下勾時，左手手指向上，小指外沿向前，自右臂之後向面前鑽起，隨之，先小指，再無名指、中指依次彎曲，向面前弧線勾下。二目向前平視（圖3-3-6）。

③當左手向下勾掛時，右手手指向上，小指外沿向前，自左臂之後向面前鑽起，隨之，先小指再無名指、中指依次彎曲向面前弧線勾下，停於胸前。二目向前平視。此時右手已向前勾掛一圈，左手一圈，右手又一圈。圈要小要快，一氣呵成。故名「連環手」（圖3-3-7）。

4. 挑進手

①雙足不動；右手握拳，拳心向上，自腹部向面前挑

圖 3-3-7

圖 3-3-8

起，高與肩平；左手拳心向下，停於腹前。二目向前平視（圖3-3-8）。

②左臂外旋，當翻成拳心向上時，自腹部向面前挑起，高與肩平；右手拳心向下，停於腹前。二目向前平視（圖3-3-9）。

③右足前進一步，左足跟進，仍成四六步；同時，右臂內旋，當翻成拳心向下時，成錐拳向胸前打出，高與肩平；左拳停於右肘之下。二目向前平視。以上三個動作要圓活連貫，一氣呵成（圖3-3-10）。

圖 3-3-9

5. 反展手

左足足跟著地，足尖翹起，搓地前進一步；同時，左手

圖 3-3-10

圖 3-3-11

自右臂下外旋翻展，要有向前、向下的攪動貼壓之力，目的是粘貼對方手臂，又名「粘黏手」；右手沉貼於左臂之上。二目向前平視（圖 3-3-11）。

6. 撐抹手

左足前進一步成左弓步；同時，雙臂內旋，當雙手翻成手心向前時，向胸前自下而上推撞而出，右手也可以手指向下，虎口向前撩陰，名曰「撐抹手」。二目向前平視（圖 3-3-12）。

7. 迎門掛印

左足前進半步，右足跟進成四六步；同時，左手手背向下按壓，右手手指向上，小指外沿向前，在左手上向面前左前方立臂砍出。二目向前平視（圖 3-3-13）。

8. 藏花手

左足前進一步，右足跟進，仍成四六步；同時，左手手心斜向前方。自右臂下向胸前弧線抓下。二目向前平視（圖

六合螳螂拳

圖 3-3-12

圖 3-3-13

圖 3-3-14

圖 3-3-15

3-3-14）。

9. 螳螂勾刊

①右腿提起成獨立步；同時，雙手手心向內，手指向上，在面前鑽起。二目向前平視（圖 3-3-15）。

圖 3-3-16　　　　　　　　　　　圖 3-3-17

②落右足，左足跟進成四六步；同時，右臂內旋，當擰成小指外沿向前時，先小指再無名指、中指依次彎曲，向面前呈弧線勾砍而下；同時，左手手指向上，小指外沿向前自右臂之後向面前勾砍。二目向前平視（圖 3-3-16）。

③右足前進一步；左手勾掛而下，隨之，左手手指向上，手心向內在面前鑽起，隨之內旋，當擰成小指外沿向前時，先小指再無名指、中指依次彎曲，向面前呈弧線勾砍而下。二目前視（圖 3-3-17）。

④左足跟進，仍成四六步；右手手指向上，小指外沿向前，自左臂之後向面前勾砍而下。二目向前平視（圖 3-3-18）。

⑤右足前進一步；右手手指向上，手心向內，在面前鑽起，隨之內旋，當擰成小指外沿向前時，先小指再無名指、中指依次彎曲，向面前呈弧線勾砍而下。二目前視（圖 3-3-19）。

圖 3-3-18

圖 3-3-19

⑥左足跟進，仍成四六步；左手手指向上，小指外沿向前自右臂之後向面前勾砍而下。二目向前平視。以上動作要連貫銜接，一氣呵成，兩手似螳螂之兩臂，如斧似鋸，連勾帶砍。名曰「鐵刺手」（圖3-3-20）。

10. 螳螂拐手

當左手勾掛砍下後，以兩足足跟為軸，向左轉體

圖 3-3-20

180°，左轉回身，重心落於右腿，仍成四六步；同時，左手手指向上，虎口向上，自下而上向胸前弧線挑起，高與肩平。二目向前平視（圖3-3-21）。

圖 3-3-21

圖 3-3-22

11. 螳螂勾刊

①右足提起成獨立步；同時，雙手手心向內，手指向上，在面前鑽起。二目向前平視（圖 3-3-22）。

②落右足成四六步；同時，右手前臂內旋，當擰成手指向上、小指外沿向前時，先小指再無名指、中指依次彎曲，向面前呈弧線勾砍而下。二目向前平視（圖 3-3-23）。

圖 3-3-23

③當右手呈弧線勾砍而下時，左手手指向上，小指外沿向前，自右臂後向面前先小指再無名指、中指依次彎曲，呈弧線勾砍而下。二目向前平視（圖 3-3-24）。

④左手勾下後，上右足，跟左足，仍成四六足；同時，

圖 3-3-24

圖 3-3-25

左手手心向內、向面前鑽起。
二目向前平視（圖3-3-25）。

　　⑤當左手內旋、擰成小指外
沿向前勾砍而下時，右手小指
外沿向前，先小指再無名指、
中指依次彎曲，向面前呈弧線
勾砍而下。二目向前平視（圖
3-3-26）。

　　⑥右手勾砍而下後，上右
足，跟左足，仍成四六步；同
時，右手手心向內，手指向上、
向面前鑽起。二目向前平視（圖3-3-27）。

圖 3-3-26

　　⑦當右手內旋，擰成小指外沿向前勾砍而下時，左手小
指外沿向前，先小指再無名指、中指依次彎曲，向面前呈弧
線勾砍而下。二目向前平視。以上動作一氣呵成（圖3-3-

圖 3-3-27

圖 3-3-28

28）。

12. 反展手

左足足跟著地，足尖翹起，搓地前進一步；同時，左手自右臂下外旋翻展，要有向前、向下的攪動之力，目的是粘貼對方手臂，又名「粘黏手」；右手貼在左臂上助力。二目前視（圖 3-3-29）。

13. 撐抹手

左足前進一步成弓步；同時，雙臂內旋，翻成手心向前、手指向上時，左手在前、右手在後，一起自下而上向胸前推撞而出，名曰「撐抹手」。二目向前平視（圖 3-3-30）。

14. 迎門掛印

左足前進半步，右足跟進成四六步；同時，左手手心向下沉壓；右手手指向上、小指外沿向前，自左手上向面前砍出。二目向前平視（圖 3-3-31）。

圖 3-3-29

圖 3-3-30

圖 3-3-31

圖 3-3-32

15. 藏花手

左足前進一步，右足跟進，仍成四六步；同時，左手虎口向上，手心斜向前方，自右臂下向胸前弧線抓下。二目前視（圖 3-3-32）。

圖 3-3-33

圖 3-3-34

16. 螳螂勾刊

①右足提起成獨立步；同時，雙手手心斜向內，手指向上在面前鑽起。二目向前平視（圖 3-3-33）。

②落右足成四六步；同時，右臂內旋，當擰成手指向上、小指外沿向前時，先小指再無名指、中指依次彎曲，向面前呈弧線勾砍而下；同時，左手手指向上，小指外沿向

圖 3-3-35

前，向面前呈弧線勾砍。二目向前平視（圖 3-3-34）。

③左手勾下後，隨之又手指向上、手心向內在面前鑽起，二目向前平視（圖 3-3-35）。

④隨之，左臂內旋，當擰成手指向上、手指外沿向前

圖 3-3-36

圖 3-3-37

時，先小指再無名指、中指依次彎曲，向面前呈弧線勾砍而下。二目向前平視（圖 3-3-36）。

　　⑤隨之，右足前進一步，左足跟進，仍成四六步；同時，右手手心向內鑽起，手指外沿向前呈弧線勾砍。二目向前平視（圖 3-3-37）。

　　⑥當右手勾砍而下後，左手小指外沿向前、向面前呈弧線勾砍而下，砍下後成半握拳。二目向前平視。以上動作要連貫，一勢接一勢，一氣呵成（圖 3-3-38）。

圖 3-3-38

17. 螳螂拐手

　　當左手勾掛砍下後，以足跟為軸，向左轉體 180°，左

圖 3-3-39

圖 3-3-40

轉回身，仍成四六步；同時，左手手指向上，虎口向前，自下而上向胸前弧線撩挑而起，高與肩平。二目向前平視（圖3-3-39）。

18. 大封手

上左足成四六步；同時，左手手指向上，小指外沿向前，自右臂外同右手手心相對，一起向身前弧線掄劈而下，劈下後雙手半握拳，要封劈出全身之力。二目向前平視（圖3-3-40）。

19. 捆封手

①上左足；同時，左手手心向內，手指向上貼胸部向上鑽起，隨之前臂內旋，當撐成小指外沿向前時，在面前弧線採抓而下。二目向前平視（圖3-3-41）。

②以左足為軸，撐動坐身成歇步；同時，右手握拳，橫前臂，自左手上向左拳前滾壓而下，雙拳停於胸前。二目向前平視（圖3-3-42）。

圖 3-3-41

圖 3-3-42

③上右足，跟左足成四六步；同時，雙手手心相對，小指外沿向前，右手前、左手後一起向胸前弧線掄劈而下。以上動作一氣呵成。二目向前平視（圖 3-3-43）。

20. 連環跺踹

①雙手半握拳，拳心相對，停於胸前，彷彿抓著對方手臂似的；右足前進一步，左足提起，足尖後勾，足心向前

圖 3-3-43

連跺帶踹，高不過膝。二目向前平視（圖 3-3-44）。

②左足前落，右足提起，足尖後勾，足心向前，向前下方連截帶踹而出，高不過膝。二目向前平視（圖 3-3-45）。

圖 3-3-44

圖 3-3-45

21. 投截手

①右足落下，向左轉體90°成半馬步；同時，右手手指向下，向右腿外側砍下。目視右手動作（圖 3-3-46）。

②向下坐身成馬步；同時，右手握錐拳，拳心向內在面前，自下向上鑽起，「啪」地一聲，左手手心拍在右臂內側，鑽起時要快速有力。二目注視右手動作（圖 3-3-47）。

22. 收勢

收左足，成立正姿勢，氣沉丹田，精神集中。二目向前平視（圖 3-3-48）。

圖 3-3-46

圖 3-3-47　　　　　　　　圖 3-3-48

第四節　藏　花

一、藏花簡介

「藏花」是一套緊湊、嚴密、連環性極強的套路，招中有招，勢中有勢，忽左忽右，指上打下。其中「鐵輪手」「摔手掛印」「投手撩陰」「大展拍」等，弧線進擊，趁勢而入，變化多端。套路中的「藏花手」，更是奧妙無窮。故此套路名曰「藏花」。

練習時要自然呼吸，氣沉丹田，打出暗剛暗柔之力。此套路往返三次，不在起勢處收勢。

二、藏花動作名稱

三、藏花動作圖解

1. 起勢

　　頭正頸直，嘴微閉，舌抵上腭，成立正姿勢。雙臂自然下垂於身體兩側，提肛溜臀，自然呼吸，氣沉丹田，精神集中。二目向前平視（圖3-4-1）。

2. 搓挪手

　　右足前進一步，左足跟進成四六步；同時，右手拇指向上，手指向前刺出；左手向右拍於右前臂內側。刺出時，力在指端，

圖 3-4-1

圖 3-4-2

圖 3-4-3

動作要凌厲、快速、有力。二目向前平視（圖 3-4-2）。

3. 大封手

右足前進一步，左足跟進成四六步；同時，雙手回收於腹前；隨之，右手自左臂外與左手手心相對，小指外沿向前，右手前，左手後，同時向面前弧線掄劈而下，劈至腹前時雙手握拳。掄拳時要快速，劈出全身之力，故稱「一封到底」。二目向前平視（圖 3-4-3）。

4. 連環手

①上右足，左足跟進成四六步；同時，右手手指向上，手心向內，貼胸部向上鑽起，隨之，前臂內旋，當擰成小指外沿向前時，先小指再無名指、中指依次彎曲，向面前弧線勾下。二目向前平視（圖 3-4-4）。

②當右手正在向下勾時，左手手指向上，小指外沿向前，自右臂後向面前勾下。二目向前平視（圖 3-4-5）。

③當左手正在向下勾時，右手手指向上，小指外沿向

圖 3-4-4

圖 3-4-5

前，自左臂後向面前勾下。二目向前平視。以上動作要連
貫，一氣呵成，故名「連環手」（圖 3-4-6）。

5. 摔手掛印

右足前進一步，左足跟進，仍成四六步；同時，右手握
拳，拳心向上，用拳背向面前反背砸下，高與肩平；同時，
左手握拳，拳眼向後、向上封掛而起，停於左額前方。二目
向前平視（圖 3-4-7）。

6. 拗步藏花

①右足前進一步，左足跟進，成四六步；同時，左手手
指向上，手心向外，自右腋下貼右臂外側向身前弧線抓下。
二目前視（圖 3-4-8）。

②動作不斷。左手抓下後，停於左腿前，右手停於胸
前。左手抓下時要連捋帶採，連摔帶抓，一氣呵成。二目向
前平視（圖 3-4-9）。

圖 3-4-6

圖 3-4-7

圖 3-4-8

圖 3-4-9

7. 順步藏花

　　①右足前進一步，左足跟進，仍成四六步；同時，右手手指向上，手心向外，自左腋下貼左臂外側向前下方弧線抓下。二目前視（圖 3-4-10）。

圖 3-4-10

圖 3-4-11

②右手停於右腿前，左手停於胸前。右手抓下時要連挲帶採，連摔帶抓，一氣呵成。二目向前平視（圖 3-4-11）。

8. 投手撩陰

①右足前進一步，左足跟進成四六步；同時，右手手指向上，小指外沿向前，向面前弧線勾下。二目向前平視（圖 3-4-12）。

②隨之，左手手指向上，小指外沿向前，自右臂後向面前弧線勾下。二目向前平視（圖 3-4-13）。

③隨之，右足前進一步，左足跟進，仍成四六步；同時，右手手指向下，虎口向前，自腹部向下、再向前撩出，左手拍在右前臂上。二目向前平視（圖 3-4-14）。

9. 撲面掌

右足前進一步，左足跟進成四六步；同時，左手手心向下，在右手前按下；右手手心向下，手指向前，向面前伸

圖 3-4-12

圖 3-4-13

圖 3-4-14

圖 3-4-15

出，名「撲面掌」。二目向前平視。以上四個動作要連貫銜
接，一氣呵成（圖3-4-15）。

10. 反展手

左足足尖翹起，足跟著地，向前搓進一步；同時，左前

圖 3-4-16

圖 3-4-17

臂一邊外旋，翻成手心向上，一邊向前下方貼壓，要有粘黏
纏壓之勁，名曰「反展手」；右手手指貼在左臂之上助力。
二目向前平視（圖 3-4-16）。

11. 撐抹手

左足前進半步，重心左移成左弓步；同時雙手前臂內
旋，翻成手心向前、手指向上時，一起向胸前自下而上推撞
而起，要含有向前、向上的推勁、搓勁、撐勁、撞勁。二目
向前平視（圖 3-4-17）。

12. 迎面圈捶

①右足不動，左足向右足後插步；同時，左手手心向
下，在右肩前摟抓而下；右手握拳，向下落於右腿外側。二
目向前平視（圖 3-4-18）。

②向身後撤右足，成左弓步；同時，右手拳心向下、向
面前掄臂弧線圈打，利用向左擰腰掄臂的慣性，掄打出全身
之力，「啪」地一聲，左手拍在右前臂內側，名曰「迎面圈

圖 3-4-18

圖 3-4-19

捶」。二目向前平視（圖3-
4-19）。

13. 大展拍

①左足足尖外展45°，向
身前上步；同時，左手手指向
上，手心向前，自右臂下向身
體前面抓下。二目向前平視
（圖3-4-20）。

②隨之，重心左移，右腿
提起，右足足尖勾起，足心斜
向前，自右向身前呈弧線連掃
帶踹而出，高不過腰，低不過

圖 3-4-20

膝，力點在足心和小趾外沿；同時，雙手手心相對，在胸前
向右捋帶。捋帶方向與足掃踹方向相反，但要同時動作，協
調一致。二目向前平視（圖3-4-21）。

③雙手不動；右足在左足後落下，左足立即向左後撤一步，以便保持身體平穩不會摔倒。以上三個動作一氣呵成。二目向前平視（圖3-4-22）。

14. 脫勾手

①右足前進一步，左足跟進成四六步；同時，右臂外旋，翻成拳心向上時向胸前撥掛壓落；左手停在胸前。二目向前平視（圖3-4-23）。

②雙足不動；左拳拳心向下成錐拳，自右臂上向胸前打出，高與肩平。二目向前平視（圖3-4-24）。

③右足前進一步，左足跟進，仍成四六步；同時，右拳拳心向下成錐拳，自左臂上向胸前打出，高與肩平。二目向前平視（圖3-4-25）。

15. 盤龍手

右足尖裡扣，向左轉體180°，左轉回身，重心右移，左腿提膝成獨立步；同時，左手手背向下，在左膝外側向下沉壓。二目向前平視（圖3-4-26）。

圖3-4-21

圖3-4-22

圖 3-4-23

圖 3-4-24

圖 3-4-25

圖 3-4-26

16. 落步圈捶

①左足在身後落步；同時，左手手心向下，在右肩前抓下；右手握拳，向身體右下方斜擺。二目向前平視（圖 3-4-27）。

圖 3-4-27

圖 3-4-28

②右足向身後撤一大步成左弓步；同時，右手拳心向下，向面前掄臂弧線圈擊，利用向左擰腰掄臂的慣性，一圈到底，掄打出全身之力。以上動作要一氣呵成（圖 3-4-28）。

17. 大展拍

①左足足尖外展 45°，向身前上步；同時，左手手指向上，手心向前，向右臂前面抓下。二目向前平視（圖 3-4-29）。

圖 3-4-29

②隨之，重心左移，右腿提起，右足足尖勾起，足心斜向前，向身前呈弧線，連掃帶踹而出，高不過腰，低不過膝；同時，雙手手心相對，在胸前向右挎帶，挎帶方向與足的掃踹方向相反，但要協調一致。二目向前平視（圖 3-4-

圖 3-4-30

圖 3-4-31

30）。

　　③雙手不動；右足在左足後落下，左足自然向左後撤一步，如醉漢歪倒相似，否則身體必然摔倒，以上動作要一氣呵成。二目向前平視（圖3-4-31）。

18. 勾摟捶

　　①右足提起；同時，右手手心向內，手指向上，貼胸前向上鑽起，當鑽到頭部上方時，前臂內旋，當撐成小指外沿向前時，

圖 3-4-32

先小指再無名指、中指依次彎曲，向面前呈弧線勾抓而下。二目向前平視（圖3-4-32）。

　　②隨之，左手手心向下，五指彎曲，當右手向下勾抓時，自右臂後向面前弧線摟下。二目向前平視（圖3-4-

圖 3-4-33　　　　　　　　　　圖 3-4-34

六
合
螳
螂
拳

33）。

　　③向前落右足，左足跟進成四六步；右手握拳，拳心向下成錐拳，鬆肩垂肘，向胸前打出，打出暗剛之力。以上動作一氣呵成。二目向前平視（圖 3-4-34）。

19. 磨盤手

　　①右足前進一步，足尖外展 45°；同時，右手手指向上，手心向內，貼胸部向面

圖 3-4-35

前穿起，當穿到頭部上方時，臂內旋，當擰成手心向前時，在面前弧線勾抓而下。二目向前平視（圖 3-4-35）。

　　②隨之，左足前進一步，仍成四六步；同時，左手握拳，橫前臂，在右臂上向右手前滾動，滾壓而下，拳心向

圖 3-4-36

圖 3-4-37

上，停在胸前。二目向前平視
（圖 3-4-36）。

　③隨之，重心前移成左弓
步；右拳拳心向下成錐拳，自左
臂上向胸前打出，高與肩平，鬆
肩垂肘，打出暗剛之力。以上動
作要連貫，一氣呵成。二目向前
平視（圖 3-4-37）。

　20. 鐵輪手

　左足前進一步，右足跟進成
四六步；同時，兩臂相貼，以相

圖 3-4-38

貼部位為軸，左前臂內旋，擰成拳心向前，右前臂外旋，擰
成拳心向後時，用小指外沿向面前斜砍而出。雙手的內旋擰
動如機輪轉動，故名「鐵輪手」。二目向前平視（圖 3-4-
38）。

圖 3-4-39

圖 3-4-40

21. 大展拍

①左足足尖外展 45°，向身前上步；同時，左手手指向上、向右臂前面抓下。二目向前平視（圖 3-4-39）。

②右足提起，足尖勾起，足心斜向前，自右向身前弧線掃踹；同時，雙手手心相對，在胸前向右捋帶，隨之右足在左足後落下，左足向後自然移動。以上動作要協調一致，一氣呵成。二目向前平視（圖 3-4-40）。

22. 勾摟捶

①右足提起；同時，右手手心向內，手指向上，貼胸前鑽起，隨之小指外沿向前，五指彎曲，呈弧線向面前勾抓而下。二目向前平視（圖 3-4-41）。

圖 3-4-41

圖 3-4-42

圖 3-4-43

②隨之，左手手心向下，五指彎曲，當右手向下勾抓時，自右臂後向面前弧線摟下。二目向前平視（圖 3-4-42）。

③向前落右足，左足跟進成四六步；右手拳心向下成錐拳，向胸前打出暗剛之力。以上動作一氣呵成。二目向前平視（圖 3-4-43）。

23. 大封手

向左轉體 180°，上左足成四六步；同時，左手手指向上，小指外沿向身前，自右臂外同右手手心相對，向身前弧線掄劈而下，劈下後雙手半握拳。要一封到底，封出全身之力。二目向前平視（圖 3-4-44）。

圖 3-4-44

圖 3-4-45

圖 3-4-46

24. 捆封手

①上左足；同時，左手手指向上，小指外沿向前，向胸前弧線勾抓而下。二目向前平視（圖 3-4-45）。

②以左足為軸撐動，坐身成歇步；同時，右手握拳，橫前臂在左臂上，向左手前滾壓而下，雙手停於胸前。二目向前平視（圖 3-4-46）。

圖 3-4-47

③上右足，左足跟進成四六步；同時，雙手手心相對，小指外沿向前，右手前，左手後一起向胸前弧線掄劈而下。以上動作一氣呵成。二目向前平視（圖 3-4-47）。

圖 3-4-48

圖 3-4-49

25. 連環踩踹

①雙手半握拳，拳心相對，停於胸前，彷彿抓著對方手臂似的；右足前進一步，左足提起，足尖後勾，用足心向前連踩帶踹，高不過膝。二目向前平視（圖3-4-48）。

②左足前落，右足提起，足尖後勾，用足心或足外沿向前下方連截帶踹而出，高不過膝。二目向前平視（圖3-4-49）。

圖 3-4-50

26. 投截手

①右足落下，向左轉體90°成半馬步；同時，右手手指向下，在右腿外側砍下。目視右手動作（圖3-4-50）。

②向下坐身成馬步；同時，右手握錐拳，拳心向內，自

圖 3-4-51　　　　　　　　　　圖 3-4-52

下向上鑽起，「啪」地一聲，左手手心拍在右臂內側，右拳
要高出頭。二目注視右拳動作（圖 3-4-51）。

27. 收勢

收左足，成立正姿勢，氣沉丹田，精神集中。二目向前
平視（圖 3-4-52）。

第五節　先手奔

一、先手奔簡介

「先手奔」又名「仙手鏃」「閃手奔」，顯見它的快速
凌厲、勇猛。如用「鐵耙」砸開城門一樣，硬抓硬砸，故又
名「鐵耙開城門」。整個套路手法連貫，一手接一手，一勢
接一勢，滾滾向前。練習時要自然呼吸，氣沉丹田。

二、先手奔動作名稱

1. 起　勢
2. 雙展手
3. 先手奔
4. 粘黏手
5. 撐抹手
6. 提膝採截
7. 反背手
8. 敗步圈捶
9. 左展拍
10. 右展拍
11. 勾摟捶

12. 攬江手
13. 回身螳螂劈截
14. 右彈腿
15. 脫勾手
16. 螳螂劈截
17. 左彈腿
18. 脫勾手
19. 回身螳螂劈截
20. 左彈腿
21. 脫勾手
22. 螳螂劈截

23. 右彈腿
24. 脫勾手
25. 十字捶
26. 轉身圈捶
27. 大展拍
28. 勾摟捶
29. 大封手
30. 捆封手
31. 連環踩踹
32. 投截手
33. 收　勢

三、先手奔動作圖解

1. 起勢

頭正頸直，嘴微閉，舌抵上腭，成立正姿勢。雙臂自然下垂於身體兩側，提肛溜臀，自然呼吸，氣沉丹田。二目向前平視（圖 3-5-1）。

2. 雙展手

左足向身後撤步，成四六步；同時，雙手手心相對，虎口

圖 3-5-1

圖 3-5-2　　　　　　　　　　　圖 3-5-3

向上，向胸前交叉而出，隨之雙
臂外旋，手心向上，向胸前左右
反背沉壓。反背沉壓時要有粘黏
勁，虎口撐開，力在手背。二目
向前平視（圖 3-5-2）。

3. 先手奔

①步型不變；右手內旋，當
翻成手心向前時，五指彎曲，向
面前弧線抓下。二目向前平視
（圖 3-5-3）。

圖 3-5-4

②隨之，左手內旋，翻成手
心向前時，五指彎曲，在右手之前向面前弧線抓下。二目向
前平視（圖 3-5-4）。

③右足前進一步，左足跟進成四六步；同時，右手手心
向前，五指彎曲，在左手前向面前弧線抓下。以上動作一氣

圖 3-5-5

圖 3-5-6

呵成。二目向前平視（圖 3-5-5）。

4. 粘黏手

左足足尖翹起，足跟著地，向前搓進一步；右腿彎曲，支撐全身；同時，左前臂一邊外旋翻成手心向上，一邊向前下方貼壓，要有粘黏纏壓勁，又名「反展手」；右手手背貼在左臂之上。二目向前平視（圖 3-5-6）。

5. 撐抹手

左足前進半步，重心左移成左弓步；同時，雙前臂內旋，翻成手心向前，手指向上時，自下而上向胸前撐撞而起，要含向前、向上的推勁、撐勁、撞勁。二目向前平視（圖 3-5-7）。

圖 3-5-7

圖 3-5-8

圖 3-5-9

6. 提膝採截

①左足前進一步，右足跟進成四六步；同時，左手手心向前，五指彎曲，同胸前弧線抓下，名「採手」。二目向前平視（圖3-5-8）。

②雙足不動；右手外旋，擰成手心向內、拇指向上時，用小指外沿在左手前切下，名曰「截手」。二目向前平視（圖3-5-9）。

圖 3-5-10

③右腿提膝成左獨立步；同時，左手手心向內，手指向上，在右臂之內向上穿起。以上動作一氣呵成。二目向前平視（圖3-5-10）。

圖 3-5-11

圖 3-5-12

7. 反背手

落右足成四六步；同時，右手拇指向上，用手背向胸前摔打而出；左手落下，停於右肘之下。要打出摔抖之力。二目向前平視（圖 3-5-11）。

8. 敗步圈捶

①雙足不動，向左轉體45°；右手手心向下，在左肩前抓下，名曰「摟手」。目視右手動作（圖 3-5-12）。

圖 3-5-13

②左足向右足後插步；左手手心向下，在右肩前抓下，名曰「摟手」；同時，右手握拳，向身體右後方落下。二目向前平視（圖 3-5-13）。

③右足向身後撤大步，重心前移成左弓步；同時，右手

圖 3-5-14

圖 3-5-15

握拳，自下向面前弧線圈擊，「啪」地一聲，右前臂擊在左手心內。以上動作一氣呵成，圈擊時要快速圓活，隨右手的圈擊慣性打出全身之力（圖 3-5-14）。

9. 左展拍

①向右轉體 45°，右足足尖外展，向身前上步；同時，右拳變手，自左臂下向面前抓下。二目向前平視（圖 3-5-15）。

②雙手手心相對，如握著對方手臂向左将拽；同時，左腿提起，足尖勾起，足心斜向前方，自左向身前弧線掃踹，力在足底外側；隨之，左足隨慣性在右足後面落下，右足自然向後移動，保持身體平衡。二目向前平視（圖 3-5-16）。

10. 右展拍

①向左轉體 45°，左足足尖外展，向身前上步；同時，左手手心向前，手指向上，自右臂下向面前抓下。二目向前

圖 3-5-16

圖 3-5-17

平視（圖3-5-17）。

②隨之，雙手手心相對，如握著對方手臂向右抒拽似的；同時，右腿提起，足尖勾起，足心斜向前方，自右向身前弧線掃踹，力在足底外側；隨之右足在左足後落下，左足自然向後移動，保持身體平衡。二目向前平視。以上左展拍、右展拍要一氣呵成，如醉漢東倒西歪似的。二目向前平視（圖3-5-18）。

11. 勾摟捶

①向右轉體45°，右膝提起；同時，右手手指向上、向面前鑽起，隨之內旋，當擰成小指外沿向前時，屈腕，先小指再無名指、中指依次彎曲，

圖 3-5-18

圖 3-5-19

圖 3-5-20

向面前呈弧線勾下。二目向前平視（圖 3-5-19）。

②左手手心向下，五指彎曲，自右前臂後面向面前弧線抓下。二目向前平視（圖 3-5-20）。

③上右足，左足跟進成四六步；同時，右手握成錐拳，拳心向下，向胸前鬆肩沉肘打出，打出暗剛之力。以上動作一氣呵成。二目向前平視（圖 3-5-21）。

12. 攬江手

①四六步不變；左手拇指向上，手指向前，在面前向右前方拍出。二目向前平視（圖 3-5-22）。

圖 3-5-21

六合螳螂拳

圖 3-5-22　　　　　　　　圖 3-5-23

②隨之，右足前進一步，
左足跟進，仍成四六步；同
時，右手拇指向下，手指向
前，自左臂上在面前向右前方
拍出。二目向前平視（圖3-
5-23）。

13. 回身螳螂劈截

①右足尖裡扣，向左轉體
180°，出左足成四六步；同
時，左手小指外沿向身前弧線
劈出。二目向前平視（圖3-
5-24）。

圖 3-5-24

②左足尖外展，向下坐身，兩膝相疊成歇步；同時，右
手小指外沿向身前掄臂弧線劈下，「啪」地一聲，右手小指
劈在左手心內。以上動作一氣呵成。掄劈時要快速，一劈到

圖 3-5-25

圖 3-5-26

底，力在小指外沿，劈出渾身
之力（圖 3-5-25）。

14. 右彈腿

雙手不動；右腿提起，足
面繃平，向前彈出，高與襠
平，彈出後馬上抽回。二目向
前平視（圖 3-5-26）。

15. 脫勾手

①右足在身前落步，左足
跟進成四六步；同時，右手握
拳外旋，當翻成拳心向上時，
向胸前撥掛壓下。二目向前平視（圖 3-5-27）。

圖 3-5-27

②四六步不變；左手握成錐拳，拳心向下，在右臂上向
胸前打出；右拳自然抽回。二目向前平視（圖 3-5-28）。

③右足前進一步，左足跟進，仍成四六步；同時，右手

圖 3-5-28

圖 3-5-29

內旋，拳心向下成錐拳，在左臂上向胸前打出；左手自然收回。二目向前平視（圖3-5-29）。

16. 螳螂劈截

右足原地足尖外展45°；同時，右手小指外沿向身前弧線劈出；隨之向下坐身，兩膝相疊成歇步；同時，左手小指外沿向身前掄臂弧線劈下，「啪」地一

圖 3-5-30

聲，左手小指劈在右手心內。以上動作一氣呵成，要快速，掄劈到底，劈出渾身之力（圖3-5-30）。

圖 3-5-31

圖 3-5-32

17. 左彈腿

雙手不動；左腿提起，足面繃平，向前彈出，高與襠平，彈出後馬上抽回。二目向前平視（圖3-5-31）。

18. 脫勾手

①左足在身前落步，右足跟進成四六步；同時，左手握拳外旋，當翻成拳心向上時，向胸前撥掛壓下。二目向前平視（圖3-5-32）。

圖 3-5-33

②四六步不變；右手握成錐拳，拳心向下，在左臂上向胸前打出，鬆肩垂肘，打出暗剛之力；左拳自然抽回。二目向前平視（圖3-5-33）。

③左足前進一步，右足跟進，仍成四六步；同時，左手

圖 3-5-34

圖 3-5-35

內旋，拳心向下成錐拳，在右臂上向胸前打出；右手自然收回。二目向前平視（圖3-5-34）。

19. 回身螳螂劈截

①左足尖裡扣，向右轉體180°，出右足成四六步；同時，右手小指外沿向身前弧線劈出。二目向前平視（圖3-5-35）。

圖 3-5-36

②右足尖外展，向下坐身，兩膝相疊成歇步；同時，左手小指外沿向身前掄臂弧線劈下，「啪」地一聲，左手劈在右手手心內。以上動作一氣呵成。二目向前平視（圖3-5-36）。

圖 3-5-37

圖 3-5-38

20. 左彈腿

雙手不動，左腿提起，足面繃平，向前彈出，高與襠平，彈出後馬上抽回。二目向前平視（圖 3-5-37）。

21. 脫勾手

①左足在身前落步，右足跟進成四六步；同時，左手握拳外旋，當翻成拳心向上時，向胸前撥掛壓下。二目向前平視（圖 3-5-38）。

②四六步不變；右手握成錐拳，拳心向下，在右臂上向胸前打出；左拳自然收回。二目向前平視（圖 3-5-39）。

③左足前進一步，右足跟進，仍成四六步；同時，左手內旋，翻成拳心向下時成錐拳，在左臂上向胸前打出；右手自然收回。二目向前平視（圖 3-5-40）。

22. 螳螂劈截

①左足原地足尖外展 45°；同時，左手小指外沿向身前弧線劈出。二目向前方平視（圖 3-5-41）。

圖 3-5-39

圖 3-5-40

圖 3-5-41

圖 3-5-42

　　②向下坐身，兩膝相疊成歇步；同時，右手小指外沿向身前掄臂弧線劈下，「啪」地一聲，右手劈在左手手心內。以上動作一氣呵成。二目向前平視（圖 3-5-42）。

圖 3-5-43　　　　　　　　圖 3-5-44

23. 右彈腿

雙手不動，右腿提起，足面繃平，向前彈出，高與襠平，彈出後馬上抽回。二目向前平視（圖 3-5-43）。

24. 脫勾手

①右足在身前落步，左足跟進成四六步；同時，右手握拳外旋，當翻成拳心向上時，向胸前撥掛壓下。二目向前平視（圖 3-5-44）。

圖 3-5-45

②四六步不變；左手握成錐拳，拳心向下，在右臂上向胸前打出，鬆肩垂肘，打出暗剛之力；右拳自然抽回。二目向前平視（圖 3-5-45）。

③右足前進一步，左足跟進成四六步；同時，右手內

圖 3-5-46

圖 3-5-47

旋，拳心向下成錐拳，在左臂上向胸前打出；左手自然收回。二目向前平視（圖3-5-46）。

25. 十字捶

①上右足，左足跟進，仍為四六步；同時，右手外旋，翻成拳心向內時，在面前沉肘屈臂向上、向右掛起。二目向前平視（圖3-5-47）。

圖 3-5-48

②左足跟進成四六步；同時左手握拳，拳心向下，自右肘下向胸前成錐拳打出。二目向前平視（圖3-5-48）。

26. 轉身圈捶

①扣右足，左轉180°回身；同時，雙拳抱於胸前。二

圖 3-5-49

圖 3-5-50

目注視轉身動作（圖 3-5-49）。

②左足原地擺步 180°，向左擰身；同時，左手手心向下，五指彎曲在面前抓下；右手自動擺落在右胯外側。二目向前平視（圖 3-5-50）。

③撤右足，向後蹬勁，左轉回身成左弓步；同時，右手拳心向下，自右胯外側向面前掄臂弧線圈擊，「啪」地一聲，右前臂

圖 3-5-51

拍在左手心內。二目向前平視。以上動作要一氣呵成，要利用圈擊的掄臂慣性，圈出全身之力（圖 3-5-51）。

27. 大展拍

①向左轉體 45°，左足足尖外展 45°，向身前上一步；

圖 3-5-52

圖 3-5-53

同時，左手手心向前，自右臂下向面前弧線抓下。二目向前平視（圖3-5-52）。

　　②隨之，雙手手心相對，如同握住對方手臂向右捋拽；同時，右腿提起，足尖勾起，足心斜向前方，自右向身前弧線掃踹，力在足底外側。二目向前平視（圖3-5-53）。

　　③隨之，右足在左足後落下，左足自然向後移動，保持

圖 3-5-54

身體平衡。以上動作一氣呵成。二目向前平視（圖3-5-54）。

28. 勾摟捶

①向右轉體45°，右膝提起；同時，右手手心向內，手

圖 3-5-55

圖 3-5-56

指向上，向面前鑽起，隨之內旋，當擰成小指外沿向前時，屈膝，先小指再無名指、中指依次彎曲，向面前呈弧線勾抓而下。二目向前平視（圖 3-5-55）。

②左手手心向下，五指彎曲，自右前臂後面向面前弧線摟下。二目向前平視（圖 3-5-56）。

圖 3-5-57

③落右足，左足跟進成四六步；同時，右手握成錐拳，拳心向下，向胸前打出，打出暗剛之力。以上動作一氣呵成。二目向前平視（圖 3-5-57）。

29. 大封手

向左轉體180°，回身上左足成四六步；同時，雙手手

圖 3-5-58

圖 3-5-59

心相對，小指外沿向前，左手在前，自右臂外側同右手一起向身前弧線掄劈而下，要一封到底，封出全身之力。二目向前平視（圖 3-5-58）。

30. 捆封手

①上左足；同時，左手手心向內，手指向上，貼胸部向上穿起，當穿至頭部上方時，前臂內旋，當擰成小指外沿向前時，在面前弧線抓下。二目向前平視（圖 3-5-59）。

圖 3-5-60

②以左足為軸向前擰足跟，坐身成歇步；同時，右手握拳，橫前臂，自左前臂上向左拳前滾動，滾壓而下，雙拳抱於腹前。二目前視（圖 3-5-60）。

圖 3-5-61

圖 3-5-62

③上右足，左足跟進成四六步；同時，雙手手心相對，小指外沿向前，右手在前，自左臂外側同左手一起向身前弧線掄劈而下。以上動作一氣呵成，封出渾身之力。二目向前平視（圖3-5-61）。

31. 連環踩踹

①雙手半握拳，拳心相對，彷彿抓著對方手臂；右足前進一步，左足提起，足尖後勾，足心向前踩踹。二目向前平視（圖3-5-62）。

圖 3-5-63

②左足前落，右足提起，足尖後勾，足心向前下方連截帶踹而出，高不過膝。二目向前平視（圖3-5-63）。

圖 3-5-64

圖 3-5-65

32. 投截手

①右足落下，向左轉體 90°成半馬步；同時，右手握拳，向下、向右腿外側砍下。目視右手動作（圖 3-5-64）。

②向下坐身成馬步；同時，右手握成錐拳，拳心向內，自下向上鑽起，「啪」地一聲，左手手心拍在右肘內側，右手鑽出之拳要高過頭部，又名「擄穿」。穿出時要疾速而有力。二目向前平視（圖 3-5-65）。

圖 3-5-66

33. 收勢

收左足，成立正姿勢，氣沉丹田，精神集中。二目向前平視（圖 3-5-66）。

第六節 照面燈

一、照面燈簡介

「照面燈」是核心套路。其手法用起來非常快速，巧妙。照面燈是套路中最重要的一手，它是用錐拳打擊對方臉部，打中後滿臉開花，故而該套路名曰「照面燈」。它充分體現出六合螳螂拳的「一活二順三剛四柔五化」的特點。練習時要自然呼吸，氣沉丹田。勁力以暗剛暗柔為主。

二、照面燈動作名稱

1. 起 勢	14. 捆 手	27. 右彈腿
2. 搓挪手	15. 雙幫肘	28. 反背手
3. 大封手	16. 敗步圈捶	29. 照面燈
4. 右彈腿	17. 敗步封手	30. 左展拍
5. 大封手	18. 捆封手	31. 右展拍
6. 磨盤手	19. 拍刀手	32. 勾摟捶
7. 鐵輪手	20. 磨盤手	33. 大封手
8. 撩陰捶	21. 撑抹手	34. 捆封手
9. 連環捶	22. 斧刃腳	35. 連環踩踹
10. 螳螂劈截	23. 磨盤手	36. 投截手
11. 右彈腿	24. 撑抹手	37. 收 勢
12. 反背手	25. 斧刃腳	
13. 敗步圈捶	26. 螳螂劈截	

圖 3-6-1

圖 3-6-2

三、照面燈動作圖解

1. 起 勢

頭正頸直，嘴微閉，舌抵上腭，成立正姿勢。雙臂自然下垂於身體兩側，提肛溜臀，自然呼吸，氣沉丹田，精神集中。二目向前平視（圖3-6-1）。

2. 搓挪手

右足前進一步，左足跟進成四六步；同時，右手拇指向上、手指向前刺出，高與眉平；左手向右拍於右前臂內側。刺出時四指要併攏，力在指端。二目向前平視（圖3-6-2）。

3. 大封手

右足前進一步，左足跟進成四六步；同時，雙手回收於膝前，隨之，右手自左臂外，與左手手心相對，小指外沿向

圖 3-6-3

圖 3-6-4

前，右手前，左手後，一起向面
前弧線掄劈而下，劈落至腹前時
雙手握拳。掄劈要快速，劈出全
身之力，「一封到底」。二目向
前平視（圖 3-6-3）。

4. 右彈腿

重心落於左腿，左腿彎曲，
右足提起，足面繃平，向前彈
出，高不過襠；雙手抱於腹前。
二目向前平視（圖 3-6-4）。

圖 3-6-5

5. 大封手

右足前進一步，左足跟進成四六步；同時，雙手回收於
腹前，隨之，右手在左臂外，與左手手心相對，小指外沿向
前。右手前，左手後，一起向面前弧線掄劈而下。二目向前
平視（圖 3-6-5）。

圖 3-6-6

圖 3-6-7

6. 磨盤手

①右足前進一步，足尖外展 45°；同時，右手手指向上，手心向內，經胸部向面前穿起；隨之，右臂內旋，當擰成小指外沿向前時，在面前弧線抓下。二目向前平視（圖 3-6-6）。

②隨之，上左足；左手握拳，橫前臂，在右臂上向右拳前滾動，滾壓而下，拳心向上，停於胸前。二目向前平視（圖 3-6-7）。

圖 3-6-8

③隨之，重心前移成左弓步；右臂內旋，當翻成拳心向下時成錐拳，自左臂上向胸前打出，高與肩平。打出暗剛之力，以上動作一氣呵成。二目向前平視（圖 3-6-8）。

7. 鐵輪手

左足前進一步，右足跟進成四六步；同時，兩臂相貼，左前臂裡旋，擰成拳心向右；右前臂外旋，擰成拳心向內時，用小指外沿向面前砍出。雙手動作要圓活，如機輪轉動，故名「鐵輪手」。二目前視（圖3-6-9）。

圖3-6-9

8. 撩陰捶

左足尖裡扣，向右轉體180°，回身成四六步；同時，左拳拳心向下抱於左肋；右手握拳，向下撩出。二目向前平視（圖3-6-10）。

9. 連環捶

①上右足，左足跟進成四六步；同時，右手手心向下，五指彎曲，在胸前抓下。二目向前平視（圖3-6-11）。

圖3-6-10

②隨之，左手握成錐拳，自右臂上向前打出，打出暗剛之力，高與肩平。二目向前平視（圖3-6-12）。

③右足前進一步，左足跟進，仍成四六步；同時，左手手心向下，五指彎曲，在胸前抓下。二目前視（圖3-6-13）。

圖 3-6-11

圖 3-6-12

圖 3-6-13

圖 3-6-14

④隨之，右手握成錐拳，拳心向下，自左臂上向前打出，打出暗剛之力，高與肩平。二目向前平視（圖 3-6-14）。

圖3-6-15

圖3-6-16

10. 螳螂劈截

右足尖裡扣，向左轉體180°，回身成四六步；同時，左手手心向外，小指外沿向前弧線掄劈；隨之，左足尖外擺90°，向下坐身，雙膝相疊成歇步；同時，右手手指向上，小指外沿向前，向身前劃大弧線掄臂劈下，「啪」地一聲，劈在左手心內。以上動作一氣呵成。二目向前平視（圖3-6-15）。

11. 右彈腿

重心落於左腿，左腿彎曲，右足提起，足面繃平，向前彈出，高不過襠；雙手抱胸前。二目向前平視（圖3-6-16）。

12. 反背手

右足向前落步，成四六步；同時，右手拇指向上，手背向前，自左臂下向面前反背摔出，高與鼻平；左手置於右臂之下。二目向前平視（圖3-6-17）。

圖 3-6-17

圖 3-6-18

13. 敗步圈捶

①左足向右足後插步；同時，右手手心向下，在左肩前摟下。二目向前平視（圖3-6-18）。

②右足向身後撤一大步，向左轉體45°成左弓步；同時，右拳拳心向下，向面前弧線掄臂圈擊，「啪」地一聲掄在左手心內。要隨右臂的掄臂慣性圈出渾身之力。二目向前平視（圖3-6-19）。

圖 3-6-19

14. 捆手

右足前進一步，足尖外展45°；右手在面前抓下；隨之上左足；左手握拳，橫臂，自右臂上向右拳前滾動，滾壓而

圖 3-6-20　　　　　　　　圖 3-6-21

下，雙臂交叉抱於胸前。二目
向前平視（圖 3-6-20）。

15. 雙幫肘

左足前進一步，右足跟進
成跪步；同時，左臂內旋，翻
至拳心向下時，右拳拳心靠於
左前臂內側，助左臂之力向前
推出。二目向前平視（圖 3-
6-21）。

16. 敗步圈捶

①右足向左足後插步；同

圖 3-6-22

時，左手手心向下，在右肩前摟抓而下。二目向前平視（圖
3-6-22）。

②左足向身後撤一大步，向右轉體 45°成右弓步；同
時，左拳拳心向下，向面前弧線掄臂圈擊，「啪」地一聲掄

圖 3-6-23

圖 3-6-24

在右手心內，要圈出渾身之力。以上動作一氣呵成。二目向前平視（圖3-6-23）。

17. 敗步封手

左步後撤一步，右步跟撤成四六步；同時，兩手回收於腹前；隨之，右手在左臂外，與左手手心相對，小指外沿向前一起向面前掄劈而下，劈落至腹前時雙手握拳。二目向前平視（圖3-6-24）。

圖 3-6-25

18. 捆封手

①上右足；右手向面前抓下；隨之，坐身成歇步；左手握拳，橫前臂，自右臂上向右拳前滾動，滾壓而下，雙拳抱於腹前，名曰「捆手」。二目向前平視（圖3-6-25）。

圖 3-6-26

圖 3-6-27

②上左足，右足跟進成四六步；同時，雙手手心相對，小指外沿向前，左手在右臂外，與右手同時向面前弧線掄劈而下，劈落在腹前時雙手握拳，要一封到底，封出渾身之力。二目向前平視（圖 3-6-26）。

19. 拍刀手

左足尖向裡扣，向右轉體

圖 3-6-28

180°；同時，右拳插至左臂下，兩臂成交叉狀；隨之，雙臂上下翻換成右拳拳心向下時，變成手心向下，向身體右側平砍而出。動作要圓活，上下協調，拍出暗剛之力，要一氣呵成。二目注視右手方向（圖 3-6-27、3-6-28、3-6-29）。

圖 3-6-29

圖 3-6-30

20. 磨盤手

①右足前進一步；右手向面前抓下；隨之，左足前進一步；左手握拳，橫前臂，在右臂上向右拳前滾動，滾壓而下，雙手抱於胸前。二目向前平視（圖3-6-30）。

②隨之，重心前移成左弓步；右拳拳心向下成錐拳，自左臂上向胸前打出暗剛之力，高與肩平。二目向前平視（圖3-6-31）。

21. 撐抹手

左足前進一步，右足跟進成四六步；同時，左手手指向上，手心向前，自右臂下向胸前前上方撐撞而出，高與肩

圖 3-6-31

圖 3-6-32　　　　　　　圖 3-6-33

平。二目向前平視（圖 3-6-32）。

22. 斧刃腳

左足前移一小步；同時，雙手手心相對，向腹部捋帶；右足足心向前，搓地面向前橫足踹出，高不過膝。二目向前平視（圖 3-6-33）。

23. 磨盤手

①右足回落；左手向面前抓下；隨之，上右足，右手握

圖 3-6-34

拳，橫前臂，在左臂上向左拳前滾動，滾壓而下，雙手抱於胸前。二目向前平視（圖 3-6-34）。

②隨之，重心前移成右弓步；左拳拳心向下成錐拳，自右臂上向胸前打出暗剛之力，高與肩平。二目前視（圖 3-

圖 3-6-35

圖 3-6-36

6-35）。

24. 撐抹手

右足前進一步，左足跟進成四六步；同時，右手手指向上，手心向前，自左臂下向胸部前上方撐撞而出，高與肩平。二目前視（圖3-6-36）。

25. 斧刃腳

右足前移一小步；同時雙手手心相對，向腹部捋帶；左足足心向上，搓地面向前橫足

圖 3-6-37

踹出，高不過膝。二目前視（圖3-6-37）。

26. 螳螂劈截

向左轉體180°成歇步；同時，先左手後右手，向面前弧線掄劈而下，「啪」地一聲劈在左手之內。二目向前平視

圖 3-6-38

圖 3-6-39

（圖 3-6-38）。

27. 右彈腿

重心落於左腿，左腿彎曲，右足提起，足面繃平，向前彈出，高不過膝；雙手抱於左肋。二目向前平視（圖 3-6-39）。

28. 反背手

落右足成四六步；同時，右手拇指向上，手背向前，自左臂下向面前反背摔打；左手置右臂之下。二目前視（圖 3-6-40）。

圖 3-6-40

29. 照面燈

①左足向右足後插步，向左轉體 45°；同時，左手手心向下，自右臂下向面前抓下；右手抽至左肩前。二目向前平

圖 3-6-41

圖 3-6-42

視（圖 3-6-41）。

②向身後撤右足；同時，右拳拳心向下，呈錐拳向面前直臂沖擊，「啪」地一聲，左手拍在右臂上。以上動作一氣完成，右拳沖出時要快，要突然要有力。二目向前平視（圖 3-6-42）。

30. 左展拍

①向右轉體 45°，右足尖外展，向身前上步；同時，右

圖 3-6-43

手手心向前，手指向上，自左臂下向面前抓下。二目前視（圖 3-6-43）。

②雙手手心相對，向左挒拽；同時，左腿提起，左足足尖勾起，足心斜向前方，自左向身前弧線掃踹，力在足底；

圖 3-6-44

圖 3-6-45

隨之，左足隨掃踹慣性，在右
足後落下，右足自然向後移
動，保持平衡。二目向前平視
（圖3-6-44）。

31. 右展拍

①向左轉45°，左足尖外
展，向身前上步；同時，左手
手心向前，手指向上，自右臂
下向面前抓下。二目前視（圖
3-6-45）。

圖 3-6-46

②隨之，雙手手心相對，
向右抒拽；同時，右腿提起，右足足尖勾起，足心斜向前
方，自右向身前弧線掃踹，力在足底；右足隨掃踹的慣性在
左足後落下，左足自然向左後移動，保持身體平衡。二目向
前平視（圖3-6-46）。

圖 3-6-47

圖 3-6-48

32. 勾摟捶

①向右轉體 45°，右膝提起；同時，右手手指向上，向面前屈腕，先小指再無名指、中指成弧線勾抓而下。二目向前平視（圖 3-6-47）。

②左手手心向下，五指彎曲，自右臂下面向面前摟下。二目前視（圖 3-6-48）。

③上右足，左足跟進成四六步；同時，右手握拳，拳心

圖 3-6-49

向下，向胸前打出暗剛之力。以上動作一氣呵成。二目向前平視（圖 3-6-49）。

33. 大封手

向左轉體 180°，回身上左足成四六步；同時，雙手手

圖 3-6-50

圖 3-6-51

心相對，小指外沿向前；左手
在前，自右臂外側同右手一起
向身前弧線掄劈而下。要一封
到底，封出渾身之力。二目前
視（圖 3-6-50）。

34. 捆封手

①上左足；同時，左手手
心向內，手指向上，貼胸前上
穿，當穿至頭部上方時，前臂
內旋，當擰成小指外沿向前
時，在面前弧線抓下。二目向
前平視（圖 3-6-51）。

圖 3-6-52

②以左足為軸擰足跟，坐身成歇步；同時右手握拳，橫
前臂，自左前臂上向左拳前滾動，滾壓而下，雙拳抱於腹
前。二目前視（圖 3-6-52）。

圖 3-6-53

圖 3-6-54

③上右足，左足跟進成四六步；同時，雙手手心相對，小指外沿向前，右手在前，自左臂外側同左手一起向身前弧線掄劈砍下。二目向前平視（圖3-6-53）。

35. 連環踩踹

①雙手半握拳，拳心相對，彷彿抓著對方手臂；右足前進一步，左足提起，足尖後勾，用足心向前連踩帶踹，高不過膝。二目向前平視（圖3-6-54）。

圖 3-6-55

②左足前進，右足提起，足尖後勾，足心向前下方連截帶踹而出，高不過膝。二目向前平視（圖3-6-55）。

圖 3-6-56

圖 3-6-57

36. 投截手

①右足落下，向左轉體 90°成半馬步；同時，右手手指向下，向右腿外側砍下。目視右手動作（圖 3-6-56）。

②向下坐身成馬步；同時，右手握成錐拳，拳心向內，自下向上鑽起，「啪」地一聲，左手手心拍在右肘內側，右手鑽出要高過頭部，又名「擄穿」。穿出時要快速有力。二目向前平視（圖 3-6-57）。

圖 3-6-58

37. 收勢

收左足，成立正姿勢，氣沉丹田，精神集中。二目向前平視（圖 3-6-58）。

第七節　雙　封

一、雙封簡介

「雙封」是六合螳螂拳中最主要的套路，整個套路中幾乎都是螳螂手法。其中螳螂封手最具特色，有左右封、進退封、單雙封、斜纏封等等，故套路名曰「雙封」。封勢如抽鞭，連挌帶摔，勁力奇出，一封到底，奧妙無窮。此套路要回到起勢處收勢，整個套路要自然呼吸，氣沉丹田，勁力有明剛明柔，暗剛暗柔，但以暗剛暗柔為主。

二、雙封動作名稱

1. 起　勢
2. 掃螳手
3. 螳螂挪掛
4. 掃螳手
5. 螳螂挪掛
6. 螳螂閉貼
7. 螳螂連環手
8. 螳螂點睛
9. 螳螂雙封手
10. 撩陰手
11. 連環四手
12. 連環四手
13. 裡磨盤
14. 裡磨盤
15. 單弓肘
16. 螳螂砍劈
17. 螳螂封手
18. 螳螂砍劈
19. 螳螂封手
20. 採封手
21. 搖車手
22. 反背手
23. 左撐手
24. 勾　手
25. 金剪手
26. 金剪手
27. 搓花手
28. 螳螂雙封手
29. 投手撩陰
30. 進步三封手
31. 回身掃螳手
32. 畫挑手
33. 採勾手

三、雙封動作圖解

1. 起勢

①身體直立，雙足開立，寬與肩齊。兩臂自然下垂，自然呼吸，氣沉丹田。二目向前平視（圖 3-7-1）。

②雙手手背向上，在身體兩側徐徐提起，高與肩平。自然呼吸，氣沉丹田。二目向前平視（圖 3-7-2）。

圖 3-7-1

圖 3-7-2

圖 3-7-3

圖 3-7-4

③坐身屈膝成馬步；同時，雙手手心向下，按落在兩腿外側。自然呼吸，氣沉丹田。二目向前平視（圖 3-7-3）。

2. 掃螳手

①右足經左足前向身左橫插一步，兩腿彎曲成歇步；同時，右手手心向上，小指外沿用力，向身左橫掃，橫掃時盡力鬆肩，手指向前，高與肩平。目視右手動作（圖 3-7-4）。

圖 3-7-5

②隨之，左足向身左橫跨一步成馬步；同時，左手手心向下，自右臂下向身左平砍，小指外沿用力砍出彈抖力。二目注視左手動作（圖 3-7-5）。

圖 3-7-6

圖 3-7-7

3. 螳螂掤掛

①馬步不變；右手手指向上，貼左臂外側向上穿起；左手向下摔落變成勾手。二目注視右手動作（圖 3-7-6）。

②馬步不變；向下坐身的同時，左手腕部彎曲向上提起，「啪」地一聲，提在右手手心內。目視左手動作（圖 3-7-7）。

圖 3-7-8

4. 掃螳手

①左足經右足前向身右橫插一步，兩腿彎曲成歇步；同時，左手手心向上，小指外沿用力向身右橫掃，橫掃時盡力鬆肩，手指向前，高與肩平。二目注視左手動作（圖 3-7-8）。

圖 3-7-9

圖 3-7-10

②隨之，右足向身右橫跨一步成馬步；同時，右手手心向下，自左臂下向右平砍，平砍時小指外沿用力，砍出彈抖力。二目注視右手動作（圖3-7-9）。

5. 螳螂掤掛

①馬步不變；左手手指向上，貼右臂外側向上穿起；同時，右手向下摔落變成勾手。二目注視右手動作（圖3-7-10）。

圖 3-7-11

②馬步不變，向下坐身；同時，右手腕部彎曲向上提起，「啪」地一聲，提在左手手心內，上提時要用抖勁。二目注視右手動作（圖3-7-11）。

6. 螳螂閉貼

①向右轉體 90°，重心落於左腿成四六步；同時，右手落在腿側，再向胸前擰臂，翻至手心向上時，在胸前一邊向裡合一邊向下貼壓，纏繞出粘黏閉貼勁。二目前視（圖 3-7-12）。

圖 3-7-12

②隨之，左足上步，右足跟進成四六步；同時，左手五指向前，手心向下，向胸前弧線劈落。二目向前平視（圖 3-7-13）。

7. 螳螂連環手

①左足尖向裡扣；同時，左手手心向下，落於腹前。擰身回頭向前平視（圖 3-7-14）。

②隨之，向右轉體180°，上右步回身成四六步；同時，右手手心向內，手指向上，向面前鑽起，隨之前臂裡旋擰動，當擰成小指外沿向前時，先小指再無名指、中指依次彎曲，向面前弧線勾抓而下；隨之左手手指向上，小指外沿向前，自右臂後面向前弧線勾抓而下。以上動作一氣完成。二目前視（圖 3-7-15）。

圖 3-7-13

圖 3-7-14

圖 3-7-15

8. 螳螂點睛

向前上左足，重心前移成弓步；同時，右手手心向下，伸出中指、食指向前刺出，要輕巧、快捷，名曰「點睛」。二目向前平視（圖3-7-16）。

9. 螳螂雙封手

①右手不動；左手手心向上，在右臂下向前穿出，此時兩臂交疊在胸前成交叉姿勢。二目注視雙手動作（圖3-7-17）。

圖 3-7-16

②隨之，右前臂外旋，左前臂裡旋，以肘部為軸，雙手上下翻動，交換位置。二目注視雙手動作（圖3-7-18）。

③撤右足，隨撤左足成四六步；雙手向前、向外、向

圖 3-7-17　　　　　　　　　　圖 3-7-18

下、向回弧線勾撥成螳螂雙勾式，名曰「雙封手」。以上動作要一氣呵成。二目向前平視（圖 3-7-19）。

10. 撩陰手

①左足尖向裡扣，向右轉體 90°；雙手抱於胸前，向右擰頭回視（圖 3-7-20）。

②以左足為軸，向右轉體 270°，重心左移，撤右足成四六步；同時，右手手指向下，用手背向身體右下方撩出，撩出彈抖力。二目擰頭注視右手動作（圖 3-7-21）。

11. 連環四手

①右足前進一步，成四六步；同時，右手手心向內，手指向上、向面前鑽起，隨之前臂裡旋擰動，當擰成小指外沿向前時，先小指再無名指、中指依次彎曲向面前弧線勾抓下。二目向前平視（圖 3-7-22）。

②上左足成四六步；當右手弧線勾抓而下時，左手手指向上，小指外沿向前，自右臂後向面前弧線勾抓而下。二目

圖 3-7-19

圖 3-7-20

圖 3-7-21

圖 3-7-22

向前平視（圖 3-7-23）。

　　③雙足不動；當左手向面前弧線勾抓而下時，右手手指向上，小指外沿向前，自左臂後向面前弧線勾抓而下。二目向前平視（圖 3-7-24）。

圖 3-7-23

圖 3-7-24

④雙足不動；當右手在面前弧線勾抓而下時，左手手指向上，小指外沿向前，在左臂後向面前弧線勾抓而下。二目向前平視。以上動作一氣呵成（圖3-7-25）。

12. 連環四手

①向左轉體90°，上左足成四六步；同時，左手手心向內，手指向上，向面前鑽起，隨之前臂裡旋擰動，當擰成小

圖 3-7-25

指外沿向前時，先小指再無名指、中指依次彎曲，向面前弧線勾抓而下。二目向前平視（圖3-7-26）。

②右足上前一步；當左手弧線勾抓而下時，上右足成四六步；同時，右手五指向上，小指外沿向前，自左臂後向面

圖 3-7-26

圖 3-7-27

前弧線勾抓而下。二目向前平視（圖 3-7-27）。

③雙足不動；當右手向前面弧線勾抓而下時，左手指向上，小指外沿向前，自右臂後向面前弧線勾抓而下。二目向前平視（圖 3-7-28）。

④雙足不動；當左手向前面弧線勾抓而下時，右手手指向上，小指外沿向前，自左臂後向面前弧線勾抓而下。二目向前平視。以上動作一氣呵成（圖 3-7-29）。

圖 3-7-28

13. 裡磨盤

①向右轉體 90°，上右足成四六步；同時，右手收回腰部，隨之手心向下，手指向前，向面前弧線撥掃而出，高與

圖 3-7-29

圖 3-7-30

眉平；左手手心向下貼在胸前。
二目向前平視（圖 3-7-30）。

②上左足成四六步；同時，
左手手心向下，手指向前，自右
手後面向面前弧線撥掃而出，高
與眉平；右手手心向下貼在胸
前。二目向前平視（圖 3-7-
31）。

③雙足不動；右手手心向
下，手指向前，自左手後向面前
弧線撥掃而出，高與眉平；左手
貼在胸前。二目向前平視（圖 3-7-32）。

④雙足不動；左手手心向下，手指向前，自右手後面向
面前弧線撥掃而出，高與眉平；右手貼在胸前。二目向前平
視。以上動作一氣呵成（圖 3-7-33）。

圖 3-7-31

圖 3-3-32

圖 3-3-33

14. 裡磨盤

①向左轉體90°，上左足再成四六步；同時，左手收回腰部，再手心向下，手指向前，自面前弧線撥掃而出，高與眉平；右手手心向下貼在胸前。二目向前平視（圖3-7-34）。

圖 3-3-34

②隨之，上右足成四六步；右手手心向下，手指向前，自左手後面向面前弧線撥掃而出，高與眉平；左手手心向下貼在胸前。二目向前平視（圖3-7-35）。

③雙足不動；左手手心向下，手指向前，自右手後面向前弧線撥掃而出，高與眉平；右手手心向下貼在胸前。二目向前平視（圖3-7-36）。

圖 3-7-35

圖 3-7-36

④雙足不動；右手手心向
下，手指向前，自左手後面向面
前弧線撥掃而出，高與眉平；左
手手心向下貼在胸前。二目向前
平視。以上動作一氣呵成（圖
3-7-37）。

15. 單弓肘

①向右轉體 45°，上右足，
足尖外展；同時，右手握拳，收
回腹前，隨之拳心向上成錐拳，
向面前穿挑而起，高與鼻平。二
目向前平視（圖 3-7-38）。

圖 3-7-37

②隨之，左足前進一步，重心右移成四六步；同時，左
手握拳，拳心向上，自右臂下向面前穿挑而起，高與鼻平。
二目向前平視（圖 3-7-39）。

圖 3-7-38

圖 3-7-39

圖 3-7-40

圖 3-7-41

③左拳不停，繼續穿挑，屈肘向回勾，拳心向下停於胸前；隨之，左足尖向裡扣，向右轉體 90°成半馬步。二目向前平視（圖 3-7-40）。

④隨之，左足向左移一步，右足跟移一步，成馬步；同

時，右手手心握左拳向左推，頂出左肘。以上動作一氣呵成。二目向左平視（圖3-7-41）。

16. 螳螂砍劈

①馬步不變，向右擰腰；同時，左手手心向內，拇指向上，向右肘外橫臂砍下；右手手指向上，在右耳外向上穿起。二目向右注視（圖3-7-42）。

圖3-7-42

②隨之，向左擰腰；同時，右手手心向內，拇指向上，向左肘外橫臂砍下；左手手指向上，在左耳外向上穿起。二目向左注視（圖3-7-43）。

17. 螳螂封手

①馬步不變；右手手心向下，手指向前，隨著向右擰腰的動作，自左臂下向面前弧線封掃而出。封掃時盡力鬆肩，向前「先掃其面」，隨之屈臂垂肘，再小指、無名指、中指依次彎曲向右捋掛變鈎，停於右肩外前方曰「後掃其手」；左手隨之變鈎，停於右肘之下。二目注視右手動作（圖3-7-44）。

圖3-7-43

②馬步不變；左手手心向下，手指向前，隨著左擰腰時動作，自右臂下向面前弧線封掃而出。封掃時要盡力鬆肩，

六合螳螂拳

圖 3-7-44

圖 3-7-45

手指向前先掃其面，隨之屈臂
垂肘，再小指、無名指、中指
依次彎曲向左勾撥，使手變
鈎；右手隨之變鈎，停於左肘
之下。二目注視左手動作（圖
3-7-45）。

　③馬步不變；右手手心向
下，手指向前，隨著向右擰腰
的動作，自左臂下向面前弧線
封掃而出。封掃時盡力鬆肩，
手指向前封掃其面。隨之屈臂

圖 3-7-46

垂肘，再小指、無名指、中指依次彎曲向右勾撥其手變鈎；
左手隨之變鈎，停於右肘之下。二目注視右手動作。以上螳
螂砍劈、螳螂封手要連貫，一氣呵成（圖 3-7-46）。

圖 3-4-47　　　　　　　　　　圖 3-7-48

18. 螳螂砍劈

①以左足為軸，向右轉體180°，撤右足，回身成馬步；隨之向右擰腰；左手手心向內，拇指向上，向右肘外橫臂砍下；右手手指向上，在右耳外向上穿起。二目向右注視（圖3-7-47）。

②隨之，向左擰腰；同時，右手手心向內，拇指向上，自左肘外橫臂砍下；左手手指向上，在左耳外向上穿起。二目向左注視（圖3-7-48）。

19. 螳螂封手

①馬步不變；右手手心向下，手指向前，隨著向右擰腰的動作，自左臂下向面前弧線封掃而出。封掃時盡力鬆肩，手指向前先掃其面，隨之屈臂垂肘，再小指、無名指、中指依次彎曲，向右摟手變鈎；左手隨之變鈎，停於右肘之下。二目注視右手動作（圖3-7-49）。

②馬步不變；左手手心向下，手指向前，隨著向左擰腰

圖 3-7-49

圖 3-7-50

圖 3-7-51

的動作,自右臂下向面前弧線封掃而出。封掃時盡力鬆肩,手指向前先掃其面,隨之屈臂垂肘,再小指、無名指、中指依次彎曲,向左勾撥其手變鈎;右手變鈎停於左肘之下。二目注視左手動作(圖3-7-50)。

③馬步不變;右手手心向下,手指向前,隨著向右擰腰的動作,自左臂下向面前弧線封掃而出。封掃時盡力鬆肩,手指向前先掃其面,隨之屈臂垂肘,再小指、無名指、中指依次彎曲,向右勾撥其手變鈎;左手變鈎,停於右肘之下。以上動作要連貫,一氣呵成,力如抽鞭,要封掃出全身之力。二目注視右手動作(圖3-7-51)。

241

圖 3-7-52

圖 3-7-53

20. 採封手

向左轉體 90°，左足上步，重心右移成四六步；同時，左手手心向內，在面前穿起，當穿至頭上時，前臂裡旋，當撐成手心向下、手指向前時，先小指再無名指、中指依次彎曲，自上方勾抓而下。二目向前平視（圖 3-7-52）。

21. 搖車手

圖 3-7-54

①右手手指向前，拇指向上，在面前向左拍打。二目向前平視（圖 3-7-53）。

②四六步不變；左手手指向前，手心向下，拇指向上，自右臂下向前平掃；右手抽回，停於左肘內側。二目前視（圖 3-7-54）。

圖 3-7-55　　　　　　　　圖 3-7-56

③右足前進一步，左足跟進仍成四六步；同時，右手手指向前，拇指向上，又向左拍打，「啪」地一聲，右前臂拍在左手手心內。以上動作要連綿不斷，一氣呵成。二目向前平視（圖 3-7-55）。

22. 反背手

右足前進一步，左足跟進成四六步；同時，左手手心向下，在右手前按落；右手手心向上，手指向前，用手背向面前劈砸而下。二目向前平視（圖 3-7-56）。

23. 左撑手

左足前進一步，右足跟進成四六步；同時，左手手心向下，橫前臂，用小指外沿向面前砍出，高與胸平。二目向前平視（圖 3-7-57）。

24. 勾手

右足向身後撤一大步，重心左移成四六步；同時，向左擰身，右手自然垂於腹前；左手向左勾撥變鈎，停在左額

圖 3-7-57   圖 3-7-58

前。二目向前平視（圖 3-7-58）。

25. 金剪手

①上右足，重心左移成四六步；向右擰身的同時，右手
手心向內、再向前，在面前採抓而下；左手自然停於右肘之
下。二目前視（圖 3-7-59）。

②上左足，足尖裡扣，向右轉體 90°成馬步；同時，左
前臂外旋，當翻成手心向上時，在右臂上滾壓而下；右手手
心向上，在胸前向身左插出，雙手成合抱姿勢。二目注視手
的動作（圖 3-7-60）。

③向左橫移一步，右足跟移仍成馬步；同時，雙手前臂
內旋，當翻成手心向下時，用小指外沿向身體兩側橫砍而
出，雙臂要圓屈，不可砍直，砍出暗剛之力。以上動作一氣
呵成。二目向左注視（圖 3-7-61）。

26. 金剪手

①上左足，重心右移成四六步；向左擰身的同時，左手

圖 3-7-59

圖 3-7-60

圖 3-7-61

圖 3-7-62

手心向內、再向前，在面前採抓而下；右手自然停於左肘之下。二目前視（圖 3-7-62）。

　②上右足，足尖裡扣，向左轉體 90°成馬步；同時，右前臂外旋，當翻成手心向上時，在左臂上滾壓而下；左手手

圖 3-7-63

圖 3-7-64

心向上，在面前向身右插出，雙手成合抱姿勢。二目向右注視（圖 3-7-63）。

③向右移一步，左足跟移仍成馬步；同時，雙手前臂內旋，當翻成手心向下時，用小指外沿向身體兩側橫砍而出，雙臂要圓屈，不可砍直，要砍出暗剛之力。以上動作要一氣呵成。二目向右注視（圖 3-7-64）。

圖 3-7-65

27. 搓花手

①向右轉體 90°，上右足，成四六步；同時，右前臂外旋，當翻成手心向上時，用手背向下貼壓。二目向前平視（圖 3-7-65）。

圖 3-7-66

圖 3-7-67

②隨之上左足，重心右移成四六步；左手手心向下，手指向前，貼右臂上面向面前戳出。二目向前平視（圖3-7-66）。

③四六步不變；右手翻成手心向下、手指向前時，貼左臂上面向面前戳出。二目向前平視。以上②③兩個動作要連接緊密，出手快速（圖3-7-67）。

28. 螳螂雙封手

①四六步不變；右手不動；左手手心向上，在右臂下向前穿出，此時肘部相貼成交叉姿勢。二目注視手的動作（圖3-7-68）。

圖 3-7-68

②隨之，以肘部為軸，雙手上下翻動，互換上下。二目注視手的動作（圖3-7-69）。

③撤右足，跟撤左足成四六步；同時，雙手手心向下屈腕，用手指勾撥變成鈎手，成螳螂雙鈎式。以上動作一氣呵成。二目向前平視（圖3-7-70）。

圖3-7-69

29. 投手撩陰

①左足尖裡扣，向右轉體90°成馬步；同時，先右手後左手，小指外沿向面前弧線連環採抓而下。二目向前平視（圖3-7-71、圖3-7-71附圖）。

②馬步不變；右手手指向下收至襠前，隨著向下坐身的同時，右手虎口向前撩出，「啪」地一聲，撩在左手手心內。以上動作要連貫，一氣呵成。二目向前平視（圖3-7-72、圖3-7-72附圖）。

圖3-7-70

30. 進步三封手

①向右轉體90°，上右步成四六步；同時，右手手心向下，五指自前向面前弧線平掃而出。封掃時要鬆肩，手指極力伸前，向右弧線勾撥，手指彎曲變成鈎手，停於右額前；左手變鈎，停於右肘之下。要封出抽鞭之力。二目注視手的

六合螳螂拳

圖 3-7-71

圖 3-7-71 附圖

圖 3-7-72

圖 3-7-72 附圖

動作（圖 3-7-73）。

　　②左足前進一步成四六步；同時，左手手心向下，五指向面前鬆肩弧線掃出，當向左弧線掃回時，要屈腕勾撥，五指變勾手，停於左額前；右手變鈎，停於左肘之下。二目前

圖 3-7-73

圖 3-7-74

視（圖3-7-74）。

　　③右足前進一步成四六步；同時，右手手心向下，五指向前，向面前弧線掃出，當向右弧線掃回時，要屈腕勾撥，五指變勾手，停於右額前；左手變勾手，停於右肘之下。二目向前平視。以上動作一氣完成（圖3-7-75）。

圖 3-7-75

31. 回身掃螳手

　　向左轉體90°，右足經左足前向身左橫上一步，兩腿彎曲成歇步；右手手心向上，用小指外沿向身體左側鬆肩平臂掃出；左足向身左橫進一步；左手手心向下，用小指外沿自右臂下向身左屈臂平砍，高與眉平。二目向左平視（圖3-7-76）。

圖 3-7-76

圖 3-7-77

32. 畫挑手

①向左轉體 90°，右膝提起成獨立步；同時，右手變鈎，向胸前屈腕上提。二目向前平視（圖 3-7-77）。

②左膝提起，左手變鈎，向胸前屈腕上提。二目向前平視（圖 3-7-78）。

③左足向前落步，右步跟進成四六步；同時，左手手心向下，手指向前，在胸前下

圖 3-7-78

按；右手隨之。以上動作要連續完成。二目向前平視（圖 3-7-79）。

33. 探勾手

①左足向身後撤一大步，重心左移成四六步；同時向左

圖 3-7-79

圖 3-7-80

擰身，左手變手，在左額前向後勾掛。二目向前平視（圖
3-7-80）。

②隨之，右足向身後撤一大步，重心右移成四六步；同
時，向右擰身，右手變鈎手，在右額前向後勾掛。二目向前
平視（圖 3-7-81）。

34. 割手

①向左轉體 45°，橫上左
足，右足跟進成四六步；同時，
右手手心向上，用小指外沿在面
前向左肩外弧線平砍。目視右手
的動作（圖 3-7-82）。

②隨之，左手手心向下，用
小指外沿自右臂上向右手前弧線
平砍。二目注視左手方向（圖 3
-7-83）。

圖 3-7-81

圖 3-7-82

圖 3-7-83

③再向前上左足，跟右足仍成四六步；同時，右手手心向上，用小指外沿自左臂下向左手外弧線平砍。二目向前平視（圖 3-7-84）。

④隨之，左手手心向下，用小指外沿自右臂上向右手前弧線平砍。此時雙手各劃弧線一圈半。以上動作要連環，一氣呵成，其動作形似用鐮刀割草，故名「割手」。二目注視動手的方向（圖 3-7-85）。

35. 退步圈捶

①雙足不動；右手手心向下，在左肩前摟抓而下。二目注視右手動作（圖 3-7-86）。

②向身後撤左足，與右膝部相接成歇步；同時，左手手心

圖 3-7-84

圖 3-7-85

圖 3-7-86

向下,在右肩前抓下;右手握拳,擺落於右腿外側。目視左前方(圖3-7-87)。

③右足向身後撤一大步,重心左移成左弓步;同時,右手握拳,拳心向下,自下方向面前弧線掄打,圈擊而出,「啪」地一聲,左手按於右前臂上;右拳隨著掄打圈擊的慣性圈出渾身之力。以上動作要一氣呵成。二目向前平視(圖3-7-88)。

36. 大展拍

①左足足尖外展成45°上步;同時,左手手心向前,手指向上,自右臂後向面前抓下。二目向前平視(圖3-7-89)。

②左手手心向上,右手手心

圖 3-7-87

六合螳螂拳

圖 3-7-88

圖 3-7-89

向下，如握著對手手臂向右扯動一般向右捋帶；同時，右腿提起，右足足尖後勾，足心斜向前，自右向前掃踹，力在足心和足外沿。掃踹和雙方的捋帶要同時進行，動作協調融為一體。二目向前平視（圖 3-7-90）。

③右足向左足後落下，左足立即向後撤步，保持身體平衡，否則必然摔倒。以上動作要求一氣呵成。二目向前平視（圖 3-7-91）。

37. 螳螂劈截

向左轉體 180°，上左足回身成歇步；同時，先左手後右手，向身後自下而上而下呈大弧線掄劈而下。二目向前平視（圖 3-7-92）。

圖 3-7-90

圖 3-7-91

圖 3-7-92

38. 右彈腿

雙手不動；提起右腿，右足足面繃直向前彈出，高與襠平，二目向前平視（圖 3-7-93）。

39. 螳螂勾刊

①右足前落，左足跟進成四六步；同時，右手手心向內，手指向上，貼胸前向頭上鑽起；隨之右臂內旋，當擰成小指外沿向前時，腕部彎曲，先小指再無名指、中指依次彎曲，向面前弧線勾抓而下。二目注視手的動作（圖 3-7-94）。

圖 3-7-93

②四六步不變；左手手指向上，小指外沿向前屈腕，先小指再無名指、中指依次彎曲，自右臂後向面前弧線勾抓而下。二目注視手的動作（圖 3-7-95）。

圖 3-7-94　　　　　　　圖 3-7-95

③右足前進一步，左足跟進，仍成四六步；同時，左手
手心向內，手指向上，貼胸前向頭上鑽起，隨之，左臂內
旋，當擰成小指外沿向前時，腕部彎曲，先小指再無名指、
中指依次彎曲，向面前弧線勾抓而下。二目注視左手動作
（圖 3-7-96）。

④四六步不變；右手指向
上，小指外沿向前，屈腕，先小
指再無名指、中指依次彎曲，自
左臂後向面前弧線勾抓而下。二
目注視右手動作。以上動作要連
貫，一氣呵成（圖 3-7-97）。

40. 三封手

①四六步不變；右手手心向
下，手指向前，自左肩前向頭部
前上方呈弧線封掃而出，當封掃

圖 3-7-96

圖 3-7-97

圖 3-7-98

至頭前上方時，屈腕，先小指再無名指、中指依次彎曲，向右封掃變勾手，停於右額前上方。二目注視右手動作（圖3-7-98）。

②隨之，左手手心向下，手指向前，自右臂下向頭部前上方呈弧線封掃而出，當封掃至頭前時，屈腕，先小指再無名指、中指依次彎曲，向左封掃變鈎，停於左額前上方。二目注視左手動作（圖3-7-99）。

圖 3-7-99

③隨之，右手手心向下，手指向前，自左臂下向頭部前上方呈弧線封掃而出，當封掃至頭上方時屈腕，先小指再無名指、中指依次彎曲，向右封掃變鈎，停於右額前上方。二

圖 3-7-100

圖 3-7-101

目注視右手動作。以上動作一氣呵成（圖3-7-100）。

41. 回身大封手

向左轉體180°，回身上左足成四六步；同時，雙手手心相對，小指外沿向前，左手在前，自右臂外側同右手一起向身前弧線掄劈而下。要一封到底，封出渾身之力。二目向前平視（圖3-7-101）。

圖 3-7-102

42. 左彈腿

雙手握拳，停於腹前；右膝彎曲，左足提起，繃足面，向前彈出，高不過膝。二目前視（圖3-7-102）。

43. 大封手

上左足，右足跟進，仍成四六步；同時，雙手手心相

圖 3-7-103

圖 3-7-104

對，小指外沿向前，左手在前，在右臂外側同右手一起向身前弧線掄劈而下，要一封到底。二目向前平視（圖3-7-103）。

44. 捆封手

①上左足；左手手心向內，手指向上，貼胸上穿，隨之擰成小指外沿向前時，在面前弧線抓下。二目前視（圖3-7-104）。

圖 3-7-105

②以左足為軸，坐身成歇步；同時，右手握拳，橫前臂，向左拳前滾壓而下，雙拳抱於腹前。二目前視（圖3-7-105）。

③上右足，左足跟進成四六步，同時，雙手手心相對，小指外沿向前，右手在前，在左臂外側同左手一起向身前弧

六合螳螂拳

圖 3-7-106

圖 3-7-107

線掄劈而下。二目向前平視（圖3-7-106）。

45. 連環踩踹

①雙手半握拳，拳心相對，彷彿抓著對方手臂；右足前進一步，左足提起，足尖後勾，用足心向前連踩帶踹，高不過膝。二目向前平視（圖3-7-107）。

②左足前進，右足提起，足尖後勾，足心向前下方連踹帶截而出，高不過膝。二目前視（圖3-7-108）。

46. 底漏圈

①右足向前落下；同時，右拳變手，用小指外沿向右腿外側砍下。二目注視右手動作（圖3-7-109）。

圖 3-7-108

圖 3-7-109

圖 3-7-110

②右足前進一步，左足跟進成四六步；同時，右手握拳，拳心向下，向面前弧線掄打圈擊，「啪」地一聲，右前臂掄在左手心內，名曰「底漏圈」。二目向前平視（圖3-7-110）。

47. 雙幫肘

右足前進成弓步，左足跟進半跪，名「玉環步」，同時，右手拳心向下，橫前臂向前撞出；左手推右前臂助力，史稱「雙幫肘」。二目向前平視（圖3-7-111）。

圖 3-7-111

48. 回身螳螂點睛

①向左轉體180°，回身上左足成四六步；同時，左手手心向上，用手背向身後貼壓而下。二目前視（圖3-7-

六合螳螂拳

圖 3-7-112

圖 3-7-113

112）。

②重心左移成左弓步；同時，右手手心向下，伸出食、中二指向面前點出。二目向前平視。以上二動要一氣呵成（圖 3-7-113）。

49. 螳螂雙封手

①重心後移成四六步；同時，右手手心向下不動；左手手心向上，自右臂下向前穿出，此時兩臂肘部相疊，在胸

圖 3-7-114

前交叉。二目注視雙手動作（圖 3-7-114）。

②隨之，右前臂外旋，左前臂內旋，以肘部為軸上下翻動，互換上下位置。二目注視雙手動作（圖 3-7-115）。

③撤右足，跟撤左足成四六步；同時，雙手向左弧線封

圖 3-7-115　　　　　　　圖 3-7-116

掃勾撥變成勾手，收於胸前，
名曰「螳螂雙勾式」。以上動
作一氣呵成。二目向前平視
（圖 3-7-116）。

50. 收 勢

　　向右轉體 90°，雙足併
立，成立正姿勢；雙手在身體
兩側自然下垂，精神集中，氣
沉丹田。二目向前平視（圖
3-7-117）。

圖 3-7-117

第四章
六合螳螂拳真傳秘訣

「六合螳螂拳真傳秘訣」，是丁子成大師的畢生心血結晶。它透徹、詳盡地說明了六合螳螂拳的用法，學習後可以靈活掌握六合螳螂拳的技擊特點，具有非常高的練習和研究價值。這些手法過去從不外傳，故稱「真傳秘訣」。現在摘錄部分手法，無私地貢獻給大家，供大家學習、研究和參考。

外磨盤

走外門雙單縮挫手破

彼立右步、出右手擊我，我立右步、出右手刁住彼手。上左步將左手反採在彼身左邊，以要彼左手，彼必退步出左手抬，我即以要彼之手持住彼手，撒開刁手，將刁彼之手，上右步反探在彼身右邊，以要彼右手。如此連上即磨盤手也。

用此手者，必先用刁手。就兩人初交手時，去刁彼手往往刁不住，莫若用理手，就其肘際下手連摔帶理，理至拳際，即刁住矣。即使刁不住，也可打開彼右手，上後手，彼

一抬後手，則我必然刁住彼之手矣。既刁住彼，也可打開彼右手上後手，彼一抬後手，則我必然刁住彼之手矣。既刁住彼手，莫若一採到底，令彼半身皆轉，我可以扣住彼前腿，則以磨盤手作磨盤手用，固可以取勝，即以磨盤手作拍刀手，也無不可。

此手可以變撐進手、投間手、挑進手、裡磨盤、截臂手。若彼不退步，可用捆摔手，若彼退步，我手擋在彼上，彼手當在我下，也未有不傷彼面者。此倘若我刁彼手上磨盤，彼即以我所刁之手將我刁持住，則我只能上一手，不能上第二手矣。此時可以持彼之上手，將彼持我刁手之手用力截開。當截時上手往下拉，下手往上迎，所謂以彼手截開彼手也。亦可用單手擒雙手法，以上磨盤之手將彼上手拉下，拉至握其拳拉之。若彼握得太緊，必又會被彼持住矣，以刁手彼手，鈎住彼之上手，即單綰手也。

用磨盤手者，當拉彼之第二手時，亦可以後手抓彼夾肘窩，就只可隨拉隨抓，若已經拉下，則無處下手矣！夫，當拉彼之第二手時，亦可用後手推彼之肩際，令彼自倒。

裡磨盤

走中門，名底磨盤，割手破

我立右步，以左手從外向裡擊彼面，彼立左步，以左手從裡向外開。我向裡漏，兩手從裡向外互分，先傷彼面，後格彼手，是一時之事，不分先後。若從抓手變此手更覺便捷。

外藏花

走外門上藏花手，以攬江手破，未上藏花手，
則換步以後手使單捆破，彼原步使斬關手破

　　此手從連環手入門，既上連環手，即起後手擊彼面，彼
必起後手來抬，若彼不上步，我即起。上連環手之手刁彼後
手捆摔，若捆不動他，我以後手使裡磨盤，或變挑進手，或
劃挑手皆可。若彼上步，我即接捆摔之手上外磨盤，若練此
手帶上投手可也。

拗步外藏花

　　夫外藏花，必先鈎彼腿為捆摔之地。然先鈎彼腿，彼必
退步，故有拗步外藏花，待要出彼手然後鈎腿。

裡藏花

走中門，原步前手單捆破，彼換步外脫鈎破，則開矣

　　彼立右步、出右手擊我，我即以右手從裡向外格開彼
手，上右步、出右手擊彼面，彼必以左手抬。若彼左手抬得
高，我即以右手從彼手下先掃彼面，後開彼手，如裡磨盤
狀。若彼左手抬得低，我即以右手擊彼胸或擊彼腹，皆藏花
手也。

拗步裡藏花

走中門，換步後手單捆破，用斬關則開矣

我用裡藏花，彼若退步，我手必然空出，故又有拗步裡藏花。若彼立右步，我上左步，以右手格彼右手，以左手擊彼面，彼必下步以左手抬。當彼下步時，彼之左手已為我左手持住。我即上右步、鈎彼左腿，以右手從彼脅下向身外橫開彼手，連掃其面，如使拍刀狀。較立順步尤覺便捷。

裡底漏

從外門上中門，裡杜漏，螳螂外杜漏破

我立右步，以右手從外門擊彼面，彼立左步，以左手向外格，我從外向裡漏，即裡底漏也。此手可變裡磨盤。若我立右步，以右手擊彼，彼立左步，以左手往裡向外格我手，上右步以右手擊我中門，我即將右手漏回，提右步以右手刁彼右手，上左步以左手上連環手，走彼外門或用藏花、外磨盤等手。若不變連環手，亦可變作粘黏手及捧合手。

外底漏

從中門上外門，外杜漏及螳螂外杜漏破

我立右步，以右手從外向裡擊彼面，彼立右步，以右手迎面抬我手，我從裡向外漏，即外底漏也。凡遇硬格硬摔者，用漏手最妙。凡手之避手者，皆謂之漏手。論中不必細載也。若遇不會杜漏者，即底漏一手已足取勝。俗云「拳腳到頭，捆封底漏」。

鬼箭手

走中門，挫手，連劃挑手破，單撐進破，彼使逼接手則開矣

我立右步、出右手擊彼，彼立右步、出右手刁我右手，上左步以左手擊我外門。我即將彼所刁之手向外一翻，令彼手心向上，使彼刁手不得力。上左步、用左手將彼刁手按下，即起右手撐彼上外門之手，以射其面。按彼手、撐彼手、射彼面是一時齊發，不分先後，但翻手稍早耳。

駭電手

從連環手入門可走外門，亦可從外門上中門。彼撤了連環手，我換步以後手使單捆手，彼使斬關，彼不撤手，我換步以後手使逼手，彼用鐵輪

此手從連環手入門，既上連環手，即起刁彼手之手，如上磨盤手狀，再以上連環手之手，亦如上磨盤手狀。如此連上，先掃其面，後開彼手，即駭電手也。我若從外門上中門，可以變裡磨盤。若走外門，當彼欲退步未退步之時，我也可變掃邊手，此手可以先後互用，亦可以兩手齊分；若從外門上中門者，此手可以破亂截。夫亂截者，自上而下亂打謂之亂截也。若彼先右手後左手，則我先左手逼彼右手，以右手上駭電手，向外抓開彼之左手，彼右手翻上去，我以左手抓而開之，則其勢必散。抓也是先掃彼面，後開彼手，上此手者不可看彼手下梢。若看彼手下梢，及見彼手則下手已晚矣。但看彼之膀尖，彼自莫逃矣。夫破亂截亦有以圈破

者。歌曰：「亂截中門一條溝，迎門劈扎往裡投。圈捶連環向前進，剛破剛來柔破柔。」

裡搖車手

從中門上外門，以底漏手換步上彼外門，使攬江手破則開矣

　　彼立右步、出右手，擊我，則我立右步，以右手從裡向外格彼手。拗步提左腳、上左步，再上右步，以左手斜探在彼面左邊。以要彼左手，既得彼左手，則以右手打底漏圈。彼若以右手抓我的圈捶，我則以要手之手向下一按，將打圈捶之手，向裡一轉，向外一翻，以擊其面。彼若以左手來招，我即以向外翻之手，就勢打下，如崔家搬掛相似。用此手者可以先搖後圈，不可先圈後搖。若論此手的母子，只是以前手向裡一格，以後手斜探在身外，向裡一抓，格與抓必須將手側豎，不然恐漏彼手也。此手可破小捶。練此手者，可用流水步、顛步、進退騰跳諸步。

外搖車

　　若彼立右步、出右手擊我，我立右步、以右手從彼外門或理開彼手、揚開彼手。上左步，以左手從彼裡門向外劈開彼之左手，以右手斜探在彼身右邊，要彼右手，即外搖車。只是從外門上中門，仍是裡搖車耳。

撥機手

從外門上中門，挑進手破，彼下步用此手則開矣

此手從外藏花手入門，彼必以後手抬我後手，我即以上連環手之手，從我後手下撥其抬我之手。當撥彼手之時，彼既已回，即撥則仍以後手擊之。蓋撥手如刁手相似，但刁則專用斜力，而撥則專用橫力。

雙展手

走中割手破

若彼立右步，以右手擊我，我以左手閉住中門作子母手式。我即上左步，先以左手使撐磨手，撐開彼之右手，即進步進腳，以右手要彼左手，彼手一出，我即以要彼之手拉下來。此時右步已落，再以撐彼之手仰刺其面，彼必以我撐之手向裡格，我即以拉彼之手變撥機手。上左步，以左手打底漏圈，是謂之雙展手。撐彼手、要彼手是一時之事耳。

撐磨手

走中門，逼手逼接破

彼立右步、出右手擊我，我將身稍蹲，以左手與彼手一齊俱出，我手在下，彼手在上，我手在裡，彼手在外，撐其手，即傷其面，即撐磨手也。彼刁我手，我用此手謂之撐進，彼一出手，我用此手謂之撐磨撐進手帶投手。撐磨手不帶投手。

鐵夾手

走外門雙捆手破，彼用交展，我下步裡纏封則開矣

我立右步、出右手擊彼，彼立右步，以右手從外門捽，我即提步，將右手向下漏出，彼又上左步，從上往下打，我即以漏手擎而比之。彼向下一擊，我即以右手托之，以前手覆之，即所謂鐵夾手也。再以前手橫掃其面，則可以變他手也。若遇迎面劈捶，亦可以鐵夾手破之。

搓挪手

走外門，將原步拖撤使割手破

彼立右步、出右手擊我，我先上右步，後上左步，以左手拍開彼手，以右手從彼手下自彼中門豎插其面。彼若以右手往下硬按，我則提前步拖後步，以左手擊其面，以右手撩其陰，蓋我之右手為彼按下，故撩陰甚便耳。若彼退步拉回右手，以左手截我右手，我即以左手變撥機手，以右手上外磨盤。若立右步，以右手擊彼，彼立左步，以左手向身外開我右手，上右步出右手擊我。我則提右步、上左步，將右手向左漏回插其中門，以左手拍開彼右手，亦上搓挪之法也。凡插入中門，必先將彼手拍開，然後將我手一擰，以搓彼手，使彼手不得自主，蓋拍開彼手即挪也。搓手必將手一擰，自下而上插其面，力氣方為合適。

粘黏手

走外門

彼立右步，出右手擊我，我先立右步，以左手向我身右旁拍開彼手，以右手仰壓在彼手之上，仍以左手托其肘以杜

其漏，再起右手仰掃其面。彼若以後手抬我仰掃之手，我即以仰掃之手持彼抬我之手，使單捆或以左手上撥機手。

鐵輪手

從中門上外門，原手破，
亦可拗步以漏手使攬江手破，亦可纏封手破

　　練此手者，立右步，以右手往身左斜抓，上左步，以左手向裡斜抓圈。當未上步欲上步之時，先一抓一圈，當左腳落時又一抓一圈。圈捶恰好與步俱落，方為合適。此手原無定勢，若我以右手上反背手，彼上左步，以左手逼我右手，我即以左手抓下彼之左手，以右手將彼右手連截帶理，就勢將我之右手順在身外圈回擊之。抓與截是一時之事。若我以右反背手擊彼，彼以左手往下硬截，我也用鐵輪手。總之不論彼出手不出手，我即以鐵輪手硬抓硬摔亦未嘗不可。練此手者，諸步皆可用，手之下數久練則不必拘矣。抓之手與搖車之手一樣，斜圈之手則仰著捶圈，不與圈捶一樣。

前後攬江手

不分中外門，原手破，若我使外藏花，
彼使攬江手，我則換步使單捆手彼使斬關

　　練此手者，立右步，以右手向左一抓，抓時手心向左如掃螳手狀。再以左手從右手下向左一刁，亦手心向左，如撥機手狀。如此連上或流水步，或閃騙步或顛步皆可，大抵用進退顛步者多。右手抓緊彼手也，左手刁彼手也。用此手者

可以先抓後刁。亦可以先刁後抓。抓所以要彼手，再以刁手持之，以上所論乃前攬江手也。是立右步右手抓為之前攬江手。若立右步，以左手向右抓，以右手從左手下向右刁，乃後攬江手也。若彼以左步向我使外藏花，我以左手抬彼藏花。彼以左手刁我左手捆摔，我即以右手使底揚手，揚開彼之左手，以左手向我身右抓，彼必以右手抬，我即以右手回來刁其手捆摔。腳下用抽樑換柱步法，彼以腳勾我，我反又以腳勾彼也。如此即是後攬江手也。若我以左步上外藏花手，以左手刁彼左手捆摔，方刁之時，彼已退步，我則上右步鈎彼左腿，以右手自彼右脅下刁其左手摔之。若仍摔不倒，則以左手向我身左抓其面，彼必以右手抬，彼既出右手，我即以右手回來刁其右手捆摔之，亦後攬江手也。

裡外螳螂勾刊

或從中門上外門或從外門上中門皆可

小指與無名指皆屈，食指、中指半伸（拇指第一節後附於食指、中指第一節處），即螳螂手式。此即所謂出手五指賽乾鈎。練此手者先立右步，則將右步向身右一移。上左步以左手一刊，以右手一刊，再以左手一刊，再以右手一刊，此就是閃騙步練法也。若用顛步及進退步、騰跳步練步手，則走一面身子，手之下數則不必拘矣。以三角步練此手，此手下數也如閃騙步練法一樣。若用提前拖後步練此法，也是一面身子練。若用流水步則不能拘矣。用此手者，彼立右步、出右手擊我。我上右步，從外門出右手，封下彼手，封是從上往下稍帶斜式。必勾、刊、推、貼、壓五樣力氣一齊

俱用。即封下彼手，即上後手刊之。若彼以後手來招，我即以刊彼之手勾下。彼手再上後手刊之。連鈎帶刊連。上不已，連上之勢，手之套環與小捶一樣，總之連鈎帶刊也。是勾、刊、推、貼、壓五樣力氣一齊俱用。不待彼退步，我自管上步。連推帶壓。彼一招我手，我即以刊彼之手，壓而勾之，壓者作平壓，但以腕以上肘下連推帶拉即得矣。勾者不必以手指勾之，但將手腕用力則即得之矣。然推、貼二字又最要緊，蓋我推而貼之，彼若變他手不暇，欲騰跳不能，欲蹲下又不敢，故破此手，在未貼上之時破之。如既貼上，即神手也難破矣。此手可以先封下彼手，更可用螳螂逼貼，較之封彼手更覺便捷。無論練此手用此手，務必伸開膀子，上得驟如風雨，要緊。是我腕貼住連上，則前用提步，後用拖步。若彼退得緊急，我或用顛步或用連環步，皆可。前請有不待彼退步，我即上步推之，此二語萬不可輕忽。蓋既貼上，方能取勝，不然吾身已入重地，如稍讓彼暇，我必受傷。此語千萬留神。此手可變挫進手、撐進手、畫挑手。

以上所論乃是從外門上中門，外勾刊也。若從中門上外門，謂之裡勾刊。彼立右步、出右手擊我。我將左步向彼裡門一移，以左手從裡向外打開彼手，上右步，以右手刊之。及至連上之勢，則步法及手法力氣，與外勾刊無異。此手只是打開彼手。不似外勾刊封彼手之難。大抵用裡勾刊入門時。必須三角步。

螳螂劈截

劈截可以破直捶也。彼若以右捶擊我，我則以右手劈截。彼若以左手擊我，我則以左劈截。凡劈截，雖從上往下

迎門使，卻是帶斜式。蓋彼用直捶，我用直截必截不住，用斜，則未有截不住人手者。肘以上截彼手，肘以下劈彼面。蓋以劈彼面為主截彼手時可耳。或曰貪劈面必至兩傷，豈不知我用斜勢，腰以反擰，則前膀子已全伸矣。彼用直捶則膀子必曲。以伸敵曲，即以長敵短也。我向下截彼手，彼手必垂，垂則短矣。彼用捶五指曲，我用手五指伸，伸則長矣。若彼兩捶互用，我即兩手互截，腰眼稍擰，則兩面斜勢皆得之矣。用螳螂劈截不必手手皆能傷彼面，即傷彼面也不能太重。然我手一著彼面，彼必向後一張，當彼張時我即以擊彼面之手，持彼擊我之手，勢甚便耳。彼手一入我手，我即以後手上他手矣。

螳螂點睛

中外門皆可用，按正理走外門順便

上此手者與外勾刊相似。彼立右步出右手擊我，我立右步以右手從彼外門理開彼手，上左步起左手點睛，彼必退步以左手抬我。我就勢以右手拉下，若拉不下，再起左手以拉之，既拉下仍以右手點之。

鈎鐮手

從外門上中門

我以右手擊彼，彼以左手從裡向外架，我即以原手將彼手鈎下，仍以原手進而擊之。此手轉鐮手一樣，但被鈎下是從外向裡擊，此則鈎下是直擊也。

掃邊手

走外門

彼立右步、出右手擊我，我立右步，以右手從外向裡格開彼手。將身子一擰，上左步以左手掃其面，即掃邊手。格彼手、掃彼面、上左步是一時之事，齊發不分先後。此手必摔、擰、推、理四樣力氣全一處，方能格開彼手傷彼面。此手來得太急，不論彼受傷不受傷，然向後急退。當彼退時，我或進步、顛步或提步擊之，即起後腳彈之皆可。

反背手

走中門

彼立右步、出右手擊我，我上右步，以左手從彼裡門接彼擊我之手。以右手反背打彼面。彼以左手向裡抬我手，我即以左腳偷移在我右腳後邊，將右步向前一移，以左手從右手下使撥機手，將彼左手刁住向我左邊一領，以右手打底漏圈即反背手也。

裡脫鉤

我立右步、以右手擊彼，彼以右手刁我右手，上左步以左手上我外門。我即將彼所刁之手向外一擰，以破其大指，就勢將肘向後一屈以帶，彼上外門之手，上左步以手擊之。即裡脫鉤也。

外脫鉤

我立右步，以右手擊彼，彼以右手刁我右手，上左步，以左手上我外門，我將前步向彼身左一移，將後步一擺，將彼所刁之手向外一擰，以破其大指，就勢將彼上外門之手下漏出。覆持住彼上外門之手即外脫鉤也。

挑進手

我立右步，以右手從中門擊彼，彼立右步，以右手上格我手。我即用左手挑其格我手之手，以右手向下一轉，進而擊之。此手用處極多，可以破撥機手，亦可破單捆手，也有下步使用。

裡杜漏

彼立右步、出右手自外向裡擊我面，我立左步，以左手從裡面向外格。彼向裡漏，我即用提步向外一移，以左手隨彼手圈在彼手之下托之，將右腳一擺，以右手從上往下一蓋，將彼之漏手壓住。此時我之兩手如鐵夾相似，但鐵夾是前手在上，此後手在上，移步擺步壓之。此一時之事。此裡杜漏也。

外杜漏

外杜漏去勢力如拍刀一樣，而用則有異。彼立右步，以右手從外向裡擊我面，我立右步，以右手從裡向外格彼手。彼從裡向外漏，我即將右步向我左邊一移，上左步把右手圈回，將彼之漏手從上往下勾住。再以左手擊面。如上磨盤手

狀。此外杜漏也。此手仍用此手杜謂之外杜漏。前手抬後手杜謂裡杜漏。

螳螂裡杜漏螳螂外杜漏

杜漏之為之固佳，然以螳螂手作杜漏尤覺便捷。若用作裡杜漏，也前手抬後手杜，既杜其漏，再以前手將彼漏手刁住，起後手使螳螂勾刊。若用作外杜漏，亦是此手抬，仍用此手杜。既杜其漏，再上後步，以後手將彼漏手勾下，再起杜漏之手上螳螂勾刊。總以螳螂手作杜漏，用其步法如杜漏手一樣，所以必以後手上勾刊者，以為變他手之地也。

捧合手

我立右步、出右捶擊彼，彼立右步，以右捶從裡向外硬劈。我即將右手向外漏在彼手之上，提右步進左步，仰手如粘黏式，就勢以右手捧其面。以左手捧其後頭，是捧合手。此手亦可從粘黏手變用。

雙採手

彼立右步、出右手擊我，我先上右步，以右手從彼外門刁彼手，再上左步，以左手仰刺其夾肘窩以下。肘以上之際，向後用力一拉，令彼後手上不來，則我可以上他手矣。凡是用兩手刁一手，謂之雙採手。可以先用刁手。再加上後手，亦可以兩手齊上，然必須順出身子方為合適。螳螂逼貼搖車等手皆可加上雙採手。用此手者，若將彼拉得欲倒未倒之時，我上他手未有不中者也。用此手者，若因先刁住彼手再上後手，可以兩手皆覆，若兩手齊上，必前手仰後手覆。

仰者所以杜其漏也，仰手必自下而上。今彼不視仰手，若先持住則刁手必不能逃矣。

歌曰
彼手剛來我手柔，一時刁住不能留；
爾今造出雙採手，金剛也拜下風頭。

飛擒手

彼出右手擊我面門或擊我胸際，我即以我之右手，從彼外門貼著彼之手腕，往上一架。架是豎起手來架，架得彼手易位，不必待彼手擎到盡頭，即刁住彼手拉下，是謂飛擒手。

金剪手

彼立右步、出右手擊我，我上左步，以左手將彼手連逼帶削，以右手照彼面上連刊帶削。彼必以左手抬我刊彼面之手，我即以左手使撥機手刁下彼抬我之手，以右手進右步回削其面。若我一刊彼面彼以左手抬，我刊彼之手以右手使刁綰手，我仍以撥機手刁彼招我之手，以刊彼之手回持其上刁綰手之手，即變做雙捆手矣。此手起頭兩手皆仰，以後兩手皆覆，如剪股一樣，故謂之金剪手。若我上左步上金剪手，彼以右手使底揚手，破我金剪中之撥機手，我即以刊彼面之手將彼底揚手往下一理，就勢刁住再上撥機手之手，往上一理上彼面目即變做逼進手矣。

大展出版社有限公司
品冠文化出版社

圖書目錄

地址：台北市北投區(石牌)　　電話：(02)28236031
　　　致遠一路二段12巷1號　　　　　28236033
郵撥：01669551＜大展＞　　　　　　28233123
　　　19346241＜品冠＞　　　傳真：(02)28272069

・女醫師系列・品冠編號62

・傳統民俗療法・品冠編號63

・常見病藥膳調養叢書・品冠編號631

1. 脂肪肝四季飲食　　　　　蕭守貴著　200元
2. 高血壓四季飲食　　　　　秦玖剛著　200元
3. 慢性腎炎四季飲食　　　　魏從強著　200元
4. 高脂血症四季飲食　　　　　薛輝著　200元
5. 慢性胃炎四季飲食　　　　馬秉祥著　200元
6. 糖尿病四季飲食　　　　　王耀獻著　200元
7. 癌症四季飲食　　　　　　　李忠著　200元

·彩色圖解保健· 品冠編號64

1. 瘦身　　　　　　　　　主婦之友社　300元
2. 腰痛　　　　　　　　　主婦之友社　300元
3. 肩膀痠痛　　　　　　　主婦之友社　300元
4. 腰、膝、腳的疼痛　　　主婦之友社　300元
5. 壓力、精神疲勞　　　　主婦之友社　300元
6. 眼睛疲勞、視力減退　　主婦之友社　300元

·心 想 事 成· 品冠編號65

1. 魔法愛情點心　　　　　結城莫拉著　120元
2. 可愛手工飾品　　　　　結城莫拉著　120元
3. 可愛打扮 & 髮型　　　　結城莫拉著　120元
4. 撲克牌算命　　　　　　結城莫拉著　120元

·熱 門 新 知· 品冠編號67

1. 圖解基因與 DNA　　（精）　中原英臣 主編 230元
2. 圖解人體的神奇　　（精）　米山公啟 主編 230元
3. 圖解腦與心的構造　（精）　永田和哉 主編 230元
4. 圖解科學的神奇　　（精）　鳥海光弘 主編 230元
5. 圖解數學的神奇　　（精）　柳 谷 晃　著 250元
6. 圖解基因操作　　　（精）　海老原充 主編 230元
7. 圖解後基因組　　　（精）　才園哲人　著 230元

·法律專欄連載· 大展編號58

台大法學院　　　法律學系／策劃
　　　　　　　　法律服務社／編著

1. 別讓您的權利睡著了(1)　　　　　　200元
2. 別讓您的權利睡著了(2)　　　　　　200元

·武 術 特 輯· 大展編號10

1. 陳式太極拳入門　　　　　馮志強編著　180元

46. <珍貴本>陳式太極拳精選　　　馮志強著　280元
47. 武當趙保太極拳小架　　　　鄭悟清傳授　250元
48. 太極拳習練知識問答　　　　邱丕相主編　220元
49. 八法拳　八法槍　　　　　　武世俊著　220元
50. 地趟拳＋VCD　　　　　　　張憲政著　350元
51. 四十八式太極拳＋VCD　　　楊　靜演示　400元
52. 三十二式太極劍＋VCD　　　楊　靜演示　350元
53. 隨曲就伸 中國太極拳名家對話錄　余功保著　300元
54. 陳式太極拳五動八法十三勢　闞桂香著　200元

・彩色圖解太極武術・ 大展編號 102

1. 太極功夫扇　　　　　　　　　　李德印編著　220元
2. 武當太極劍　　　　　　　　　　李德印編著　220元
3. 楊式太極劍　　　　　　　　　　李德印編著　220元
4. 楊式太極刀　　　　　　　　　　王志遠著　220元
5. 二十四式太極拳(楊式)＋VCD　李德印編著　350元
6. 三十二式太極劍(楊式)＋VCD　李德印編著　350元
7. 四十二式太極劍＋VCD　　　　李德印編著
8. 四十二式太極拳＋VCD　　　　李德印編著

・國際武術競賽套路・ 大展編號 103

1. 長拳　　　　　　　　　　　　　李巧玲執筆　220元
2. 劍術　　　　　　　　　　　　　程慧琨執筆　220元
3. 刀術　　　　　　　　　　　　　劉同為執筆　220元
4. 槍術　　　　　　　　　　　　　張躍寧執筆　220元
5. 棍術　　　　　　　　　　　　　殷玉柱執筆　220元

・簡化太極拳・ 大展編號 104

1. 陳式太極拳十三式　　　　　　　陳正雷編著　200元
2. 楊式太極拳十三式　　　　　　　楊振鐸編著　200元
3. 吳式太極拳十三式　　　　　　　李秉慈編著　200元
4. 武式太極拳十三式　　　　　　　喬松茂編著　200元
5. 孫式太極拳十三式　　　　　　　孫劍雲編著　200元
6. 趙堡式太極拳十三式　　　　　　王海洲編著　200元

・中國當代太極拳名家名著・ 大展編號 106

1. 太極拳規範教程　　　　　　　　李德印著　550元
2. 吳式太極拳詮真　　　　　　　　王培生著　500元
3. 武式太極拳詮真　　　　　　　　喬松茂著

·名師出高徒· 大展編號 111

1.	武術基本功與基本動作	劉玉萍編著	200 元
2.	長拳入門與精進	吳彬等著	220 元
3.	劍術刀術入門與精進	楊柏龍等著	220 元
4.	棍術、槍術入門與精進	邱丕相編著	220 元
5.	南拳入門與精進	朱瑞琪編著	220 元
6.	散手入門與精進	張山等著	220 元
7.	太極拳入門與精進	李德印編著	280 元
8.	太極推手入門與精進	田金龍編著	220 元

·實用武術技擊· 大展編號 112

1.	實用自衛拳法	溫佐惠著	250 元
2.	搏擊術精選	陳清山等著	220 元
3.	秘傳防身絕技	程崑彬著	230 元
4.	振藩截拳道入門	陳琦平著	220 元
5.	實用擒拿法	韓建中著	220 元
6.	擒拿反擒拿 88 法	韓建中著	250 元
7.	武當秘門技擊術入門篇	高翔著	250 元
8.	武當秘門技擊術絕技篇	高翔著	250 元

·中國武術規定套路· 大展編號 113

1.	螳螂拳	中國武術系列	300 元
2.	劈掛拳	規定套路編寫組	300 元
3.	八極拳	國家體育總局	250 元

·中華傳統武術· 大展編號 114

1.	中華古今兵械圖考	裴錫榮主編	280 元
2.	武當劍	陳湘陵編著	200 元
3.	梁派八卦掌（老八掌）	李子鳴遺著	220 元
4.	少林 72 藝與武當 36 功	裴錫榮主編	230 元
5.	三十六把擒拿	佐藤金兵衛主編	200 元
6.	武當太極拳與盤手 20 法	裴錫榮主編	220 元

· 少 林 功 夫 · 大展編號 115

1.	少林打擂秘訣	德虔、素法編著	300 元
2.	少林三大名拳 炮拳、大洪拳、六合拳	門惠豐等著	200 元
3.	少林三絕 氣功、點穴、擒拿	德虔編著	300 元
4.	少林怪兵器秘傳	素法等著	250 元
5.	少林護身暗器秘傳	素法等著	220 元

6. 少林金剛硬氣功	楊維編著	250 元
7. 少林棍法大全	德虔、素法編著	250 元
8. 少林看家拳	德虔、素法編著	250 元
9. 少林正宗七十二藝	德虔、素法編著	280 元
10. 少林瘋魔棍闡宗	馬德著	250 元

・原地太極拳系列・大展編號 11

1. 原地綜合太極拳 24 式	胡啟賢創編	220 元
2. 原地活步太極拳 42 式	胡啟賢創編	200 元
3. 原地簡化太極拳 24 式	胡啟賢創編	200 元
4. 原地太極拳 12 式	胡啟賢創編	200 元
5. 原地青少年太極拳 22 式	胡啟賢創編	220 元

・道 學 文 化・大展編號 12

1. 道在養生：道教長壽術	郝勤等著	250 元
2. 龍虎丹道：道教內丹術	郝勤著	300 元
3. 天上人間：道教神仙譜系	黃德海著	250 元
4. 步罡踏斗：道教祭禮儀典	張澤洪著	250 元
5. 道醫窺秘：道教醫學康復術	王慶餘等著	250 元
6. 勸善成仙：道教生命倫理	李剛著	250 元
7. 洞天福地：道教宮觀勝境	沙銘壽著	250 元
8. 青詞碧簫：道教文學藝術	楊光文等著	250 元
9. 沈博絕麗：道教格言精粹	朱耕發等著	250 元

・易 學 智 慧・大展編號 122

1. 易學與管理	余敦康主編	250 元
2. 易學與養生	劉長林等著	300 元
3. 易學與美學	劉綱紀等著	300 元
4. 易學與科技	董光壁著	280 元
5. 易學與建築	韓增祿著	280 元
6. 易學源流	鄭萬耕著	280 元
7. 易學的思維	傅雲龍等著	250 元
8. 周易與易圖	李申著	250 元
9. 中國佛教與周易	王仲堯著	350 元
10. 易學與儒學	任俊華著	350 元
11. 易學與道教符號揭秘	詹石窗著	350 元

・神 算 大 師・大展編號 123

| 1. 劉伯溫神算兵法 | 應涵編著 | 280 元 |
| 2. 姜太公神算兵法 | 應涵編著 | 280 元 |

國家圖書館出版品預行編目資料

六合螳螂拳／劉敬儒　韓燕武　韓燕鳴　任壽然　孔　誠　編著
——初版，——臺北市，大展，2004〔民 93〕
面；21 公分，——（武術特輯；55）
ISBN　957‑468‑286‑2（平裝）

1.拳術—中國
528.97　　　　　　　　　　　　　　　　　93001102

北京人民體育出版社授權中文繁體字版

六合螳螂拳

ISBN 957‑468‑286‑2

編 著 者／劉敬儒　韓燕武　韓燕鳴　任壽然　孔　誠
責任編輯／張 建 林
發 行 人／蔡 森 明
出 版 者／大展出版社有限公司
社　　　址／台北市北投區（石牌）致遠一路 2 段 12 巷 1 號
電　　　話／（02）28236031·28236033·28233123
傳　　　眞／（02）28272069
郵政劃撥／01669551
網　　　址／www.dah‑jaan.com.tw
E‑mail／dah_jaan@pchome.com.tw
登 記 證／局版臺業字第 2171 號
承 印 者／高星印刷品行
裝　　　訂／協億印製廠股份有限公司
排 版 者／弘益電腦排版有限公司
初版 1 刷／2004 年（民 93 年）4 月

定　價／280 元

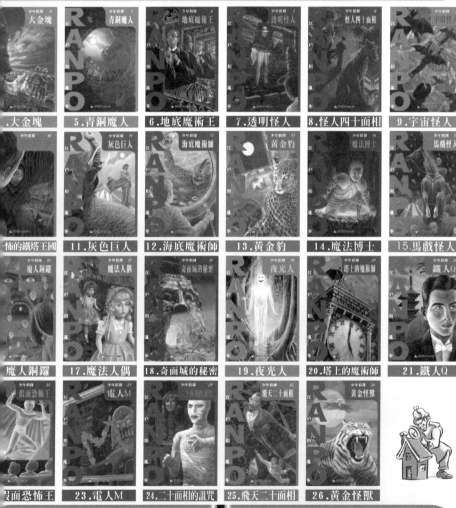